世界上
最小的主任

班主任班级管理分析

都娟 / 主编

中国文史出版社

本书编撰委员会

主　编：都　娟

副主编：杨济谦　李　璐

编　辑：管　珊　王栋利　吴振娟　郭晓冉

　　　　董家璐　杨彩霞　高　宁　李雪白

撰稿人：冯会然　刘丽锋　仝亚文　陈慧慧

　　　　刘荣丽　李　雪　王跃静　尚　宁

　　　　李鑫鑫　李雪白　王利敬　古亚娜

　　　　徐亚洁　裴慧莹

写在前面

毛毛虫工作坊，是河南省都娟初中生物名师工作室和河南省首批名班主任工作室的成长共同体，致力于引领工作坊成员的专业化成长，已经培养出了八位省班主任基本功大赛一等奖获得者和四位省名班主任工作室主持人，在省内外产生很大的影响，坊主都娟外出讲学的足迹遍布省内外。新冠疫情开始以来，因为疫情防控要求，毛毛虫工作坊在都娟坊主的带领下，将线下学习活动转为了线上，开办了《毛毛虫说·智享教育生活》栏目，工作坊的虫儿们每周三晚上八点准时相聚在毛毛虫工作坊的微信群里，坚持每周一次线上研讨活动。

自2018年我省举办首届班主任基本功大赛以来，这项比赛就成为班主任工作方面的顶级赛事。其中很重要的一项比赛就是班级管理案例分析，这项比赛全面考察了班主任的班级管理理念、班级管理的经验积累、班主任的应急反应和语言表达能力以及处理突发疑难事件的能力，在比赛中有着重要的位置。为了提高毛毛虫工作坊成员的班级管理能力和面对突发疑难事件的处理能力，毛毛虫工作坊在《毛毛虫说·智享教育生活》栏目中就开始了班级管理案例分析研讨活动。本书就是依据线上开展的班级管理案例分析整理而成，它源于众多班主任"大咖"的现场讨论，有着极强的实用作用，被称为是班主任工作的一本特别实用的"工具书"。

本书共有 42 期班级管理案例分析，约有 12 余万字。栏目主持人提前征集班级管理案例，引导班主任关注班级管理过程中的典型案例，为班主任解决现实工作中的突出难题。

栏目或带领大家关注最近的热点时事，因为孩子在超市偷拿了东西，家长报警处理，这样的教育手段合不合适？老师的一句批评，家长的一句埋怨、一个耳光，让正在花季的少年从教学楼纵身一跃，这样的悲剧该如何避免？教育惩戒权来了，而作为教师应该如何行使惩戒权？我们应该从 2021 年暑假时河南地区这场洪灾里，提取哪些教育信息，对学生进行思政教育？根据这些热点事件，细窥教育奥秘，深挖教育问题之根源，互相学习，互相交流，解开教育困惑。

或向大家分享名篇美文，台湾作家张晓风的文章《我交给你们一个孩子》，以父母的口吻追问着教育者："今天，我交给你们一个孩子，明天，你们该还给我一个怎样的青年？"节目主持人带领虫儿们真诚思考，切实反省我们应该培养出怎样的孩子。

或发出灵魂拷问："如何做未来最好的老师？"从而引导大家在社会巨变、生活日新月异的时代，思考如何成为一名合格的、跟上时代步伐的好老师。让大家一起欣赏研讨，撞击思想火花。

或分析河南省班主任基本功大赛现场案例答辩题，再现紧张激烈的答辩现场，老班们碰撞着思维火花，从中洞悉教育智慧，提升班主任教育能力。

　　或关注班级管理中的难点问题，河南省濮阳市清丰县诚睦路小学李慧丽老师投稿，因为班里一个学生家里自从添了二胎，兄弟俩没有齐头并进，共同努力，而是互相影响，成绩一落千丈。二胎时代到来后，家长们对于孩子的教育也是一头雾水。接到李老师的投稿，栏目主持人第一时间将案例发到群里，大家针对案例中的情况，耐心分析，积极献言献策，让李老师顿觉清朗。后续跟进我们也了解到，李老师妥善对他们进行了专业的教育指导，帮助二胎家庭走出了困境，李老师和家长很是感谢。这就是团队的力量！

　　有老师发来求助说自己的水杯放在讲台上，不小心被学生撞碎。老师耐心教育学生下次一定注意安全，可事后学生和家长将新买的水杯带到学校执意送给班主任，收还是不收？该不该收？此案例在毛毛虫工作坊群里引起了老师们的热议。这些发生在身边的真实事件，让班主任们拿出满满的干货，互相分享学习。

　　本书也从班级管理的不同时间阶段和重要的工作节点进行考虑，对班主任工作的不同阶段的难题进行分析思考，特别是对新任班主任有着最及时的指导帮助。例如新任班主任，得不到家长和学生的认可怎么办？中途接班，如何让学生快速适应新老师？青春期互生爱意，班主任应如何正确引导？爱给老师起外号，你要如何引导他们？拔河比赛两班起冲突，老班怎样来调解？不爱学习不想上学，老班智慧化解的方法是什么？

　　这些难题迎面而来，你是不是已经迫不及待地想要知道解决的答案啦？如果你是一个新班主任，本书中丰富的案例分析会让你快速成长，习得满满的带班妙招；如果你想成为家长心中满意的老师，学生眼中爱恋的老师，书中的带班智慧会让你成为带班能手；如果你在繁忙的班主任工作中，一次次地遭遇各种难题，苦于不能智慧解决，书中的案例分析会让你茅塞顿开。

　　班主任，世界上最小的主任，却担着大大的责任。成为班主任，有了这些智慧锦囊，你就能解决孩子们的烦心事儿，体谅家长们的闹心事儿，多做一些暖心事儿，班级管理以后都是顺心事儿。相信这本书会对班主任的专业成长和发展产生重要的影响。

目　　录

1

智享教育生活　乐迎蜕变发生

——班主任班级管理分析（1）

7月22日晚上8点，毛毛虫工作坊微信群内出现这样一条信息："亲爱的虫儿们，我是杨济谦，《毛毛虫说·智享教育生活》栏目今天如约和大家见面了。让我们一起用智慧享受教育生活，一起发现教育的美妙与哲思。智享教育生活大讨论现在开始，请各位虫儿大咖发出自己的声音。"

这是毛毛虫工作坊最新推出的《毛毛虫说·智享教育生活》栏目的开场白。为了让学习无处不在、让蜕变随时发生，也为了给每一位加入毛毛虫工作坊的"虫儿们"提供一个展示才华的舞台，在毛毛虫工作坊都娟坊主的指导下，经过毛毛虫工作坊助理们的精心准备，推出了《毛毛虫说·智享教育生活》栏目。

该栏目倡导毛毛虫们以一种快乐、健康、智慧的方式享受教育生活，鼓励大家运用自己的教育智慧创造有品质、有品位、有品性的教育生活。本栏目从光影空间、阅读世界、音乐推送、影视精选、自然物语、生活撷英等多方面引导毛毛虫们关注教育，感悟生活。通过毛毛虫们的推荐或者创作，由栏目主持人选择确定一篇或者几篇围绕同一主题的文章，在毛毛虫工作坊微信群里推荐给大家，让大家一起阅读、欣赏。每周三晚上8点，虫儿们将围绕主题文章进行讨论交流，各抒己见，互通有无，共享教育生活之美。

《毛毛虫说·智享教育生活》栏目首期活动由毛毛虫工作坊助理杨济谦老师主持，杨老师推荐给大家的是吴非老师的两篇文章——《优秀教师都是思想者》《真正的好老师都有这样的特征：尊重常识》，引导大家一起思考、讨论如何成为一名优秀教师。

毛毛虫工作坊微信群里的老师们从对教师职业的角色认识、职业特点、培养学生的标准和目标、尊重教育常识等方面展开了深刻讨论，各自发表了自己的见解和主张。仁者见仁，智者见智，精彩纷呈，让人应接不暇。

在育人的问题上，王静老师提到"教室就是允许学生犯错的地方"。

李璐老师：孩子出错才给了课堂正确的方向。

刘丽锋老师：我们的教育不能只着眼于现在，更应该放眼未来。

程艳铭老师：教育应该贴近生活，不能对问题避而不谈。

管珊老师：情绪的长期积压，让孩子不敢言、无法言、无处言，这是孩子出现各种问题的根源。

李桂青老师：教育是一个慢工程，需要潜移默化。

古亚娜老师也强调教育就是一个润心的慢工程。杨济谦老师引用朱永新教授的话，一针见血地指出我们老师要给学生打好精神的底子，因为今天孩子的样子，就是这个国家和民族未来的样子。

在尊重教育常识的问题上，大家纷纷发表了自己的看法。

孙晓敏老师：作为教师要学会等待，老师提出问题后，每增加一秒等待时间，课堂就可能会产生妙不可言的奇迹。

宋晓会老师：教学不应该盲目，而应该明确，要让学生有方向地思考和体会。

杜晓婷老师：阅读和思考很重要。

黄捷老师：要引领学生读懂生活，热爱生活，创造生活。

宋雪洁老师：要把教育和生活联系起来，不能各自孤立。

马会珍老师：少批评，多引导。

高巧竹老师：关注学生对待作业的态度。

王栋利老师：不要忘了我们是为什么而出发。

华晓娟老师：走上讲台，一定要真心地和孩子们对话。

冯会然老师：我们的任务是培养一个完整的人。

高宁老师：我总是希望自己的哪句话能够燃起学生梦想的火苗。

大家还围绕当下人们热评的老师因为没收到学生的花而大骂学生、年轻的护士勇敢地站在抗击疫情的第一线等现象发表了自己的看法，从教育和教师的角度，解读了这些现象背后的教育内涵和问题，对自己的职业认识更加深刻，对自己的职业增加了一份历史的使命感和神圣感。

在最后总结"如何给自己的教师生涯增加伟大的内涵"的时候，杜晓婷老师：常念初心，带着童心，常伴耐心。杨济谦老师表示要站在育人的角度教书。王红霞老师：要合理规划自己的时间。高巧竹老师则表示要大量阅读。

"讨论中时光飞驰，交流中相互成长。感谢虫儿们精彩的分享，我们重新认识了教师这一职业的神圣，明白了我们一言一行之中暗含着国家未来的模样。所以，居高声自远，善歌者使人继其声，善教者使人继其学。虫儿们，让我们一起努力成长为我们想象中的模样。谢谢大家的参与，还希望大家对这个栏目提出宝贵意见。今天的讨论到此结束，我们下期再见。"随着杨济谦老师发出的结束语，讨论活动落下了帷幕。

讨论虽然暂时结束了，但是思考还在继续，如何成为一名优秀的教师这个问题会伴随着大家，引领着大家，一路前行。

本期锦囊：

1. 成长路上需要平台。身为教师，在专业化成长的道路上需要施展自己才华的平台，只有找到良好的平台，才有我们发挥能力的空间。能力与天赋或许能决定我们能达到的上限，但同样的努力，不一样的平台，我们所能达到的高度绝不相同。

2. 教育是个润心的慢工程。学生的成长需要教师长期地、坚持不懈地教育、影响和熏陶，教师用心灵和行动播下的智慧，必定会在孩子的成长中根深蒂固。

3. 尊重教育常识，尊重学生差异。学生存在个体差异，评价学生不应该只用一把尺子，尊重教育常识，允许学生犯错。教育学生别只顾"教"，却忘了"育"，关注学生品德教育，注重德育的培养。

4. 教师是一个神圣的职业。国运兴衰，系于教育；教育大计，教师为本。教师肩负着为国家的未来培养高素质人才的重任，因此，身为教师要不断提升专业素养，树立正确的教育观念，保有充足的职业热情，为国家培养一代又一代合格的社会主义建设者和接班人。

提升学生阅读素养 提高国家核心竞争力

——班主任班级管理分析（2）

7月29日晚上8点，《毛毛虫说·智享教育生活》栏目第二期准时在毛毛虫工作坊微信群里开始了。

"大家好，第二期《毛毛虫说·智享教育生活》栏目又和大家见面了，欢迎大家参加讨论。感谢毛毛虫工作坊坊主、濮阳市第十中学校长都娟，给我们搭建这样一个属于我们自己的论坛，让我们可以碰撞思想、激活思维，让我们在讨论中成长别人、成就自己，让我们一起伴随着《毛毛虫的梦想》动听的旋律，创造属于我们每一个人的奇迹。下面我们的讨论正式开始。"随着主持人杨济谦老师的这条信息，本期大讨论拉开了帷幕。

"今天我们关注的是一个关于阅读的话题。提及阅读，自然不是仅限于语文学科阅读题的阅读，而是关于孩子的成长与未来，关于整个教育、整个国家的阅读。上海市教委副主任倪闽景同志在4月25日世界读书日的直播活动中，做了《孩子们的阅读能力是一个国家的核心竞争力》的报告。从报告的题目中我们就会看出，倪主任将阅读的重要性强调到了国家的层面，提到了阅读能力是一个国家的核心竞争力，这是把阅读摆在了一个战略的高度来认识。这给我很大的震撼！所以我选择了这样一个话题作为我们今天讨论的内容，希望能通过今天的讨论引起大家的关注。"杨老师介绍了设计论题的原因。

"阅读能力就是一个孩子的学习力。"刘丽锋老师首先发声，"激发孩子的阅读兴趣，留给孩子足够的阅读时间，推送给孩子有价值的阅读内容，是我们身为教师应该做的事情。"刘老师的发言直接指向阅读的关键。

随后，老师们开始了热火朝天的讨论。大家都做了充分的准备，每个人的发言都条理清晰、观点明确、有理有据，深入地分析了有关阅读的问题，给人以深刻的启示。

高巧竹老师：阅读是对学习困难的学生进行智育的重要手段。

李璐老师：和学生同读一本书很重要。

李艳丽老师：阅读力是新时代要求的一种重要能力。

陈志萍老师：扩大阅读量，是语文课改革的方向，构建"教读—自读—课外阅读"三位一体的阅读体系，就是语文教学的"牛鼻子"，扩大阅读量才能真正提高学生的语文素养。成年人要注重对孩子阅读的回应，围绕阅读内容交流，维持孩子的阅读热情。

古亚娜老师则关注到了阅读思维的问题，指出对美术教学来说，阅读也非常重要。

宋雪洁老师明确提出：思维、逻辑、终身学习的能力，才是我们学习的关键。她还形象地归纳了"死去活来""整进整出"两个词来概括阅读的方法。

李桂青老师从时间、兴趣、深度阅读方面归纳了学生缺少课外阅读的原因。

任熠聪老师从父母的角度谈了亲子阅读的重要性。

王栋利老师指出要给学生具体的阅读指导，给学生提供阅读的支架。

黄捷老师认为语文老师在让孩子爱上阅读上发挥着重要作用。

裴慧莹老师指出现在的家庭教育普遍缺少阅读的氛围。

冯喜玲老师指出语文课堂应该是有声音、有色彩的课堂，语文老师一定要引领学生在课堂上读书。

杨济谦老师给大家解释了"阅读素养"的内涵，提出了要关注当前"非连续性文本"阅读的问题。

程艳铭老师强调了阅读"心境"的重要性。

大家的讨论越来越深入，观点越来越深刻，越来越清晰。李璐老师：每一次讨论都会学到很多，谢谢大家。尽情讨论的时间总是过得很快，转眼间，钟表的指针又指向了结束的位置。

"我们今天又一次感受到我们的每一项工作都和整个国家的未来有着千丝万缕的关系。这让我想到了鲁迅先生的一句话：无尽的远方，无数的人们，都和我有关。在茫茫的黑夜之中，我们的鲁迅先生依然没有忘记自己肩上的责任，我想我们每一个老师，也不能忘记了自己的责任。虽然我们依然平凡，但是心中有远方，心中有国家，你终将会有无穷的动力，有光明的未来。谢谢大家的参与，我们下周三继续精彩。虫儿们，再见。"

随着主持人杨济谦老师结束语的发送，这次关于阅读的讨论暂时告一段落了，但是站在提高国家核心竞争力的高度，关于阅读的探索和实践将重新启程。

本期锦囊：

1. 培养阅读兴趣是关键。学生拥有自主的阅读冲动，这才是真读书的开始。唯有通过阅读，才有学习的激情，才能打破课堂教育的限制，才有终身学习的可能。

2. 预留足够的阅读时间是保证。每一节课都应该保证学生的阅读时间，只有建立在阅读基础之上的理解才能使学生深入思考。

3. 提供有价值的阅读内容是前提。在指导学生阅读之前教师一定要下足功夫，精选阅读内容，以读激趣，以读促悟，以读怡情，通过阅读提高学生的综合素养。

4. 关注学生的阅读回应是要点。学生的阅读反应就是学生的认知体现，教师根据学生的反应，给予积极的回应，可以培养学生的阅读兴趣。通过读后交流，可以扩大阅读面，增加阅读量，提高阅读品位。

做未来最好的教师　你准备好了吗？

——班主任班级管理分析（3）

"亲爱的虫儿们，大家好，很高兴我们今天又相约在《毛毛虫说·智享教育生活》栏目，今天我们讨论的主题是'未来的教师'。教师，一个肩膀挑着学生的未来，一个肩膀挑着民族和国家的未来，教师职业的重要性不言而喻。那么，立足当下，着眼未来，你认为未来的教师，最重要的素养是什么？具备什么样的素养，才能适应未来的需要？请大家发表自己的看法。"

8月12日晚上8点，毛毛虫工作坊《毛毛虫说·智享教育生活》栏目主持人杨济谦老师准时在毛毛虫工作坊微信群里发布了讨论的主题。

"教育需要尊重个性思维，学生的成长不只是获取丰富的知识，情感的传递、情商的提高、社交能力的提升等等都是学生成长的需要。未来'机器人老师'只能在一定程度上辅助人类教师，不能完全取而代之。"第一个发言的是李璐老师，她表达了自己的看法，"虽然不能完全取代，却给未来教师发展指明了方向，我们要有大量的知识储备。书写教育故事，秉承终身学习的理念，专业发展不能丢。我们还要有爱，爱生活，爱学生，做个有情怀的老师……"

"全国广大教师要做有理想信念、有道德情操、有扎实学识、有仁爱之心的好老师，为发展具有中国特色、世界水平的现代教育，为培养社会主义事业的建设者和接班人做出更大的贡献。""广大教师要做学生锤炼品格的引路人，做学生学习知识的引路人，做学生创新思维的引路人，做学生奉献祖国的引路人。"杨济谦老师引用习总书记对全国教师的殷切希望，以此引起大家对未来教师职业的思考。

讨论随即热烈起来，大家纷纷发表自己的看法。

王栋利老师：想要赢得未来，一定要不断修炼自己，与时俱进。未来世界的主人，是不惧挑战，不断创新，又不迷失自我的人。所以，教师的职责不是把篮子装满，而是把心灯点亮。

刘丽锋老师：作为教师，我们要专业阅读、专业写作、专业交往（和学生、同人、万物），这样才能解决我们成长的根本性问题。

齐春英老师：生活本身可粗糙可细致，物质生活水平决定精神需求。细的话，一粒豌豆都睡不好觉；粗的话，填饱肚子就行。未来随着社会生产力的提高，社会分工的精细。学生既要具备一定的基本生存能力，又要有精致、细腻的生命体验、灵魂观照。我已经看到教师的曙光，从当年纷纷逃离教师队伍，到现在不少优秀青年争着加入教师队伍，这实在是令人欣慰的事。教师队伍壮大，素质提高，教育势必会更人性、人文、人本。

高巧竹老师：未来的教师，首先要确认自己的使命和目标，提高责任意识，做好职业生涯规划，不断地思考和实践。第二，要有爱心，做学生的好榜样，当好学生的成长顾问，成为学生喜爱的老师。第三，建立"终身学习"的观念，成就内外兼修的自己，与学生一起成长。爱工作，爱学生，亦要爱自己。

王玲老师：未来教师要有追求，肯于成长，勇于担当；要不断在工作中学习、反思、总结、提升。教育的智慧不仅要学，更要悟，这样你才能更好地解决实际生活中的问题，积累智慧。

赵建党老师：所有的学科只是一个载体，通过这些载体，我们在教人，在教育学生。

毛毛虫工作坊都娟坊主把赵老师的这个意见提到了更高的层次。她指出：我们要逐步从学科教学走向学科教育。随后，都坊主从核心素养的角度提到未来教师的模样：中国学生发展六大核心素养综合表现为人文底蕴、科学精神、学会学习、健康生活、责任担当、实践创新六个方面。要培养学生成为德、智、体、美、劳全面发展的人，就要培养学生具备六大核心素养。那么，我们老师首先要知道什么是核心素养，再努力让自己也具备这些核心素养。身教重于言教，在和孩子们的朝夕相处中，我们的素养就会潜移默化、润物无声地影响到学生。年轻，不是头上没有白头发，而是脑袋里充满了新想法。未来的教师应该是对未知世界永远充满了好奇心和求知欲。

刘林华老师：我经常对我们的班主任老师说"带样子！带样子"。在很多时候，这可能是个贬义词。但是，在咱们老班这里，我觉得应该是个褒义词。因为，老师带样子，学生才能学样子，学着学着才能有样子。正如都坊主说的一样，具有核心素养的老师，才能给学生做出样子来，学生学着学着，才能全面发展自己的核心素养。我想，这应该就是未来教师最美的样子吧！

郑长青、杨彩霞、杜晓婷、程艳铭、李立修、冯会然、古亚娜、王娜、张飞、刘国蕊、华晓娟等越来越多的老师积极参与到讨论之中，在对教育的深度思考之中畅想着自己未来的样子，老师们幸福又激动。整个研讨活动交流顺畅，发言热烈，气氛融洽，在轻松愉快而又不乏严谨的氛围中进行，不知不觉间竟持续了将近两个小时，老师们还在讨论、评论、点赞、倾听，意犹未尽。

"虫儿们太幸福了。"面对毛毛虫工作坊丰富多样的活动，赵建党老师禁不住表达自己的感触。"有了舵手，就不会走错方向。"他这样表达对都坊主的敬佩。"我可能是爬得最慢的那一条毛毛虫，但我坚信，只要毛毛虫工作坊方向不错，爬得再慢，也是前进！"他这样表达自己的成长决心。

主持人杨济谦老师也表达了自己的收获：我好像听到了自己成长拔节的声音。

刘瑞霞老师这样总结自己的观点：用心教学，用爱育人，明确方向，自己就会在悄无声息中成长，同时收获内心的充实。其实，做一个纯粹的教育人真的很好。心怀天下和未来，方能创造出美丽的奇迹。教育路上，我们一路同行。

"今天的精彩讨论，让我们忘记了时间。虽然早已过了结束的时间，但是大家依然热情澎湃。让我们相约下周三晚上8

点，再续写我们的教育传奇，不见不散。感谢大家的参与，我们下期再见。"

主持人又一次"忍痛"按下了暂停键，让老师们对下期讨论充满了无限的期待。此次"未来的教师"讨论交流活动，为老师们搭建了相互学习、相互交流、共同提高的线上平台，同时老师们深刻领悟到了肩上的责任和应具有的素养，感受到我国教育事业和未来教师的发展都将迈向又一个新台阶。大家都为自己是一名光荣的人民教师和正在蜕变的毛毛虫而感到无比骄傲和自豪。

本期锦囊：

1. 未来教师必须要有丰厚的知识储备。"给学生一杯水，教师要有一桶水"，这远远不够，我们必须是源头活水，取之不竭。社会不断发展，通过网络，学生就可以获取大量的知识和信息，身为教师，一定要与时俱进，不断获取新知识，掌握新方法，才能成为源源不断的"活水"。

2. 未来教师要聆听使命的召唤，勇担责任。习总书记强调尊师重教：教师是立教之本、兴教之源。身为教师，我们要自觉增强立德树人、教书育人的荣誉感和责任感，为发展具有中国特色、世界水平的现代化教育做出贡献。

3. 未来教师要不断成长为一个有情怀的师者。"师者，所以传道授业解惑也。"身为教师要在学习中不断成长，用心教育，用爱育人，成为一个高尚的人，一个纯粹的人，一个有益于人民的人。身为教师还要在成长中成就自我，保持初心，拥有情怀，成为一个幸福的人，一个快乐的人，一个有诗意情怀的人。

允许犯错　巧妙施教

——班主任班级管理分析（4）

教育是春风化雨，是播种希望。8月15日晚上8点，河南省都娟名师名班主任工作室——毛毛虫工作坊《毛毛虫说·智享教育生活》栏目，与虫儿们准时相约，共同探讨班级管理的秘密。

"亲爱的虫儿们，大家晚上好，又到了我们《毛毛虫说·智享教育生活》栏目时间……"这是该栏目主持人杨济谦老师发出的信息。毛毛虫工作坊是中原名师都娟初中生物工作室和河南省都娟名班主任工作室的成长共同体。一群执着于教育梦想的追梦人，在都娟坊主的带领下，在毛毛虫工作坊内结伴前行，探寻教育生活的秘密。

"今天我们进行的是一个案例分析，这个案例发生在超市，主要围绕一位妈妈和她的女儿展开。让我们一起了解一下这个案例。

"近日，广东佛山南海警方接到一位母亲报警，称7岁女儿在商场偷了东西。一开始无论女孩妈妈和店员怎么问，小女孩就是不肯承认。妈妈于是想到了报警，给女儿一个教训。在民警劝说教育下，小女孩终于承认，看到小玩具很漂亮，但也知道自己家里条件不好，不好意思向妈妈开口要钱，一时没忍住就偷拿了几个。事后，女孩妈妈按商品原价进行了赔偿。

"我们要思考的问题是：这位妈妈的做法对吗？你是否支持这位妈妈的做法呢？请大家说说自己的看法和理由。"一时间，赞同者和反对者各自表达自己的观点和理由，观点碰撞激烈，火花四射。

郑长青老师：从家庭教育的初衷来说，这位妈妈做得很对，用一种看似极端的方式把孩子的不良行为扼杀在了萌芽状态，让孩子知道这种行为不对，对待自己喜欢的东西是不能用这种方式获取的。

我支持这位妈妈的做法，她告诉孩子社会是有规则的，每个人都应该有规则意识。但是，我希望这位妈妈在事后还要关注孩子的心理，不要让孩子在心理上一直贴着"偷窃"的标签，毕竟这是一个成长的过程。刘丽锋老师也支持这位妈妈的做法，并提出下一步需要注意的问题。

刘林华老师也同意这位妈妈的做法，但是刘老师还是注意到了这件事的漏洞，并提出了自己的建议。她说：我赞同孩子妈妈的做法。7岁的孩子应该已经具备和掌握了超市购物的基本规则，以上是因物品而诱发的突发事件。案例中孩子妈妈的做法：1. 事后财款赔偿，做到了对物品本身价值的一个补救追责，我给她点赞。2. 通过报警让孩子体会到犯法犯规带来的除去财务赔偿以外的刑事惩罚，也给她点赞。不过，此事处理得也有漏洞：一是现有的对未成年人的处理结果，会不会助长这种行为？二是此事结束后，为避免在孩子心里留下阴影，可能需要心理咨询及引导来疏导孩子，不知道这位妈妈是否可以做到。

高巧竹老师：我不是太欣赏这位为教育 7 岁的女儿而报警的母亲，我觉得这样会伤害了孩子的自尊心，应该从教育孩子诚信着手引导。自尊心是一种积极向上的情感，每个孩子都有，它是少年儿童成长的一种动力，特别需要保护。高老师还深刻地分析了孩子说谎的原因，并提出自己的解决方法。孩子说谎大多都是受家长影响。"宝贝，在咱们家，你最喜欢谁？"孩子脱口而出："爸爸！""妈妈天天伺候你吃、伺候你穿，怎么养了你这个没良心的！"孩子看着带有怒色的脸，听着这生气的话，马上改口："我最最喜欢的是妈妈！"看来孩子的撒谎行为一部分是家长教的，一部分是家长引导的，还有一部分是被家长"逼"的。撒谎重重地伤害了孩子稚嫩的心。

杜玉坤老师考虑到这样的处理方法可能会对孩子的心理造成阴影，并明确表达了反对的意见：不建议这种做法，孩子不承认可能是不愿当众出丑，其内心可能已经认识到了错误。如果母亲确定孩子偷了，不管孩子承认不承认，可以先付钱给商家，偷偷说明情况。回去给孩子做工作，给孩子几天心理挣扎期，帮她鼓起承认错误的勇气。报警也能震慑孩子认识错误，会不会给孩子造成"污点"阴影不能确定。

李璐老师的思考关注到了小孩子特有的行为和思想，给大家带来另一个角度的观点：先不说女孩偷东西对不对，我相信每个孩子多多少少都有过这种行为，比如小的时候去隔壁邻居家菜地里偷偷地拿了根黄瓜，拿了爷爷放在抽屉里的一角两角硬币去小卖部买糖吃，和小伙伴一块儿在晚上偷偷敲了别人家的大门赶紧跑。我觉得小时候做这些事的时候，首先没有考虑对不对，而是考虑自己得到了什么、好玩不好玩，对错的概念不清晰。家长在第一次知道孩子偷东西时，如果能及时发现，一定要及时耐心地引导。

周瑞霞老师讲述了她教育自己孩子的过程中一件温馨美丽又感人的故事：在女儿5岁多时，有一次让她买东西回来，我像往常一样没看剩余的钱，让她放回抽屉里。她买过东西后的第二周，我们班开了"做个诚实的孩子"主题班会，让同学们讨论。小朋友们各抒己见，我无意中让同学们举了个例子，一角钱虽然很少，但是如果不给家长说，自己做主花掉了，是诚实吗？通过讨论后，学生明白了诚实没有大小，也不分多少，该告诉家长和老师的事情一定要告诉，当自己有小秘密时是可以偷偷告诉老师和家长的。只有我女儿没有发言，晚上回家问她为什么不发言，她表示不想说。第二天上午，和我教一个班的魏瑛瑛老师告诉我，我女儿的日记里写道："我的妈妈太伟大了，一角钱她都知道，还开班会，也不批评我。"看了她的日记，我感谢自己班会开得及时，她也没有当面给我认错，我也从没有问过她，一直到现在。不过那件事后，她买东西时，我多了一项内容，让她给我算算，花多少钱，应找回我多少钱。既培养了她学习生活的应用能力，也培养了她的理财能力。大一暑假在新东方学习时，她指着中国银行总部大楼说："我将来要在这里上班。"有了理想，她还真实现了，到现在她偷花一角钱的事我们都没有说穿过。

都娟坊主站在孩子的角度和妈妈的角度分析了这个案例，

提出了自己的看法：首先，孩子对玩具的喜欢是一种本能，面对超市里琳琅满目的玩具，女孩自然难以抵挡诱惑，虽明知家里条件不好，但又渴望得到自己想要的东西，于是没忍住偷拿了几个小玩具，属正常现象。其次，在女孩妈妈和店员不管怎么问，孩子就是不肯承认的情况下，妈妈选择了报警，其目的就是为了对孩子进行警示教育：偷东西是不对的，是要负法律责任的。关于这点做法，我是赞同的。对孩子从小进行规则教育和法治教育，帮助孩子形成正确的是非观，这是父母必须要做的。第三，给女孩妈妈的建议。在和孩子一起去超市之前，告知孩子关于超市选购的规则，以及打破规则要承担的责任和后果。这样，也许就不会发生案例中让彼此都尴尬的局面了。孩子的三观需要慢慢培养，需要通过日常生活中的点点滴滴进行影响和教育。

杜晓婷老师提出要关注孩子的心理需求，正确引导孩子的行为，树立正确的价值观。齐春英老师观点鲜明：用"伤害"去惩治孩子缺点，无异于用"毒药"治病。杨济谦老师提出：遇到孩子或者学生出现错误，我们一定要冷静，思考孩子出现问题的原因，不能以罚代管。巩彤彤老师指出：教育孩子要"先谈情再谈事"。王玲老师说：教育不等于惩罚。刘林华老师则形象地说：老师要做好"救火队长"。

张淑荣老师思考得更为全面：通过这件事，我觉得小女孩应该能够明白法理大于情理，爱心和耐心也要置于法律和法治的范畴之内。孩子成长的过程当中，允许犯错误，但是也必须让他知道和明白底线在哪里。家庭教育、学校教育和社会教育合力相向，才能更好地为孩子的成长提供一个健康的环境。

都娟坊主的一席话让大家豁然开朗了许多：想想看，我们小时候也有过类似的经历……现在，我们不也是在各自的工作岗位上释放正能量，传递正能量吗？所以，在出现这样的情况时，我们应该想到她还是个孩子，我曾经也是个孩子。允许孩子犯错误，因为孩子错着错着就对了，错着错着就长大了。我想这也是一种长大的经历吧。

"错着错着就对了，错着错着就长大了。"让大家感同身受。李璐老师说：我们就是这样走过来的。教育是一个慢的过程，允许出错，这其中蕴含了许多奥秘。

讨论还在继续进行，思考越来越深入。每一位老师都在积极思考，从不同的角度提出自己的解决办法。防患于未然，治病于未发，抓住教育的关键期，做好家庭教育，注重心理疏导，不贴标签，学会借力，一个个金点子打开了育人的大门，让大家开阔了眼界，打开了思维，收获满满，信心十足。

一个小时的活动时间很快就结束了，主持人杨济谦老师发出了活动结束的信息：

"非常感谢我们的坊主都娟校长，省班主任工作室主持人刘林华老师、张淑荣老师参与我们的讨论，给我们带来深刻、智慧又形象的分析和建议。也谢谢各位满怀爱心的老师们，谢谢你们参与讨论，从你们的发言中，我感受到了你们的爱心。

"意犹未尽的感觉真好，时间总是在精彩的讨论中走得很快，今天的讨论马上就要说再见了，但是我们的思索和实践不会停止。希望每一次讨论，都让我们智慧地看待我们的教育生活，让我们的教育更加温馨动人。谢谢各位大咖们，我们下期再续精彩。"

本期锦囊：

1. 树立规则意识。社会是有规则的，每个人都应该有规则意识。对孩子要从小进行规则教育和法治教育，帮助孩子逐渐形成正确的价值观、是非观。

2. 允许孩子犯错。在孩子的成长过程中，要允许他们犯错误，孩子的错误是教育的契机，里面蕴藏着教育的秘密。也许孩子错着错着就对了，错着错着就长大了。

3. 关注孩子心理。防患于未然，治病于未发，抓住教育的关键期，做好家庭教育，注重心理疏导，不贴标签，学会借力。关注孩子心理，及时、耐心、正确地引导孩子行为。

人生有灵魂三问　课堂也有灵魂三问

——班主任班级管理分析（5）

8月19日晚上8点，毛毛虫工作坊《毛毛虫说·智享教育生活》栏目准时开始。本期主持人杨济谦老师在毛毛虫工作坊微信群里发布了今天讨论的主题，并向大家推荐了相关的文章《人生有灵魂三问，课堂也有灵魂三问》。

"你是谁？你来自哪里？你要到哪里去？"这是拷问灵魂的人生三问，让人穷尽一生去回答。作为一名教师，也应该对自己的课堂教学提出灵魂三问："我要带学生去哪里？我的学生到达哪里了？下一步怎么办？"这每一问，都深深触及教者的内心，带来对课堂教学的深度思考。

针对"我要带学生去哪里？"这第一问，刘丽锋老师谈到了每一节课、每一个学生：这是很重要的一问，一篇课文里有很多我们想讲的知识，但是短短的一节课不可能面面俱到，所以明白去哪里很重要。目标是我们前进的方向。目标的制定除了考虑课程标准，还要考虑学情。每一节课都有一个目的地，但是学生之间有差异，学生达到的地方其实是不一样的。

王栋利老师：没有航向的船，任何方向的风都是逆风。任何时候都要明白自己要到哪里去，用结果来指导过程。

杨济谦老师认为课堂教学目标还有更加重要的作用：知道"去哪儿"了，学生会带着清晰的学习目的和强烈的学习动机，进入课堂学习，投入学习，并不断反思自己是否达到目标。他还指出很多课堂存在的问题：课堂学习，不应该是我们老师拉着学生前进，我们清楚，学生糊涂。教师要做学生生命的牧者，而不是做拉着孩子前行的纤夫。

李璐老师对自己的教学进行了反思：我们小学的课堂就缺少这个环节，我觉得应当考虑在课堂中艺术地加入学习目标。

被课堂"灵魂三问"深深震撼到的还有程艳铭老师，她对第二问"学生到哪儿了"有深刻的理解：我非常认同这篇文章中提到的"这一切的根源在于缺乏有效反馈和评价以及相应的改进""教师要从学生那儿的学习行为获取对于教的反馈"，如何针对学生的反馈，提供实质性的改进？在接下来的教学过程中，我要不断地反问自己这个问题。

紧接着李璐老师关注到这一句话："在能力和素养导向下的反馈，将超越传统的背诵、默写和测验等手段，是反馈学生如何在真实场景中应用，指向学生知识深度理解、问题解决能力、批判性思维和合作能力的检验。"她还在自己的教学经历中找到了验证：有一次下课了，孩子们围着我聊天，我说我们班有个孩子不交作业，不写作业，很无奈。他每次都答应得很好，但还是不提交作业，我很伤心，他不讲诚信。话音一落，孩子们异口同声地说道："人而无信，不知其可也。大车无輗，小车无軏，其何以行之哉？"哎呀，当时我特别开心，孩子可以在生活场景中用到背诵的《论语》，这才是真正学会了。

毛毛虫工作坊的坊主都娟慧眼识珠，提出了一个很好的关于教学反馈的比喻，从而强调了教学反馈的重要性，得到了所有人的点赞：很好的比喻——我们开车使用的导航系统。驾驶员把目的地输入导航，路线立马出来。行驶过程中，导航一直反馈各种信息，一旦偏离路线或者超速，导航会立刻提醒。在教学中，教师也应如导航系统，即时反馈，适时调整。

都娟坊主还高度凝练地总结出一堂好课的标准，指出一堂好课一定是师生共同成长的课：上好一堂课，其实很简单，我们只需要思考四个问题。一、我和学生从哪儿来？（了解学生已有的生活经验和知识结构）二、我和学生要到哪儿去？（这节课的教学目标）三、我和学生准备怎么去？（这节课的教学方法和学习路径）四、我和学生最终到那儿了没有？（反馈与检测）

在都娟坊主的启发下，"教学相长、做加法的教学、师生共成长、思考碰撞、印象深刻、意犹未尽、轻松愉悦有收获"等关于一堂好课的标准的表述纷纷出现。市十中高巧竹老师还精练地总结出好课的标准：一节好课，理念要新，内容要精，方法要活，设计要巧，效果要实。内容上要有高度、有深度、有难度；过程上要有长度、有宽度、有梯度；结果上有广度、有厚度、有效度。

都娟坊主对一堂好课也做了最生动的表述：什么是一堂好课？一、能让学生轻松学会的课就是一堂好课；二、让学生感觉安全自由的课就是一堂好课；三、学生学得高兴开心的课就是一堂好课；四、能给学生留点课上时间去完成课下作业的课就是一堂好课。

美好的时间走得很快，讨论很快又接近了尾声。"相信你经过这次讨论之后，每一次走进课堂之前，一定会思考一下这三个问题，也会检查一下，自己知道要让学生到哪里去吗？学生到了那个地方了吗？自己准备好导航系统了吗？下一步我们该怎么办？就让我们带着这些问题去迎接我们的每一节课吧。相信，有这灵魂三问的护航，我们的课堂教学一定会沿着最正确的方向前进，一路上创造出无数美丽的风景。今天的讨论又要和大家说再见了，感谢都校长高度凝练的概括，让我们明白了好课的样子，谢谢大家的参与，我们下期精彩继续。"

本期锦囊：

1. 上一堂好课的灵魂四问：（1）我和学生从哪儿来？（了解学生已有的生活经验和知识结构）（2）我和学生要到哪儿去？（这节课的教学目标）（3）我和学生准备怎么去？（这节课的教学方法和学习路径）（4）我和学生最终到那儿了没有？（反馈与检测）

2. 什么是一堂好课？（1）能让学生轻松学会的课；（2）让学生感觉安全自由的课；（3）学生学得高兴开心的课；（4）能给学生留点课上时间去完成课下作业的课。

我交给你们一个孩子

——班主任班级管理分析（6）

习近平总书记曾在北京大学师生座谈会上谈道：古人说，"师者，人之模范也"。在学生眼里，老师"吐辞为经、举足为法"，一言一行都给学生以极大的影响。那作为教师应培养出什么样的孩子呢？河南省都娟名师名班主任工作室——毛毛虫工作坊《毛毛虫说·智享教育生活》栏目聚焦此问题展开讨论。

本期的题目内容如下：

亲爱的虫儿们，大家好，新的学期开始，很多孩子走进了学校大门。从家长目送孩子进入校门的眼光中，我们能看到他们的不舍和期待。未来的大部分时间，孩子都要和我们在一起。

读完张晓风的《我交给你们一个孩子》，大家有什么感触呢？有没有哪个点让你想到了什么？对于一个母亲对孩子如此深情的告白，还有她对社会的嘱托，对教育者的期待和希望，你有什么想法？我们和孩子相处的时间甚至比和自己的孩子相处的时间还多，在这相处的几年里，我们会培养出什么样的孩子？请大家积极发表看法。

高宁老师：我要感谢这位妈妈交给了我一个欢欣诚实又颖悟的孩子，让我有信心还她一个学业合格乃至优秀的孩子。除了学业之外，我觉得一个孩子还至少应该有一个爱好。兴趣爱好，可以让人完全释放、兴奋或者放松，当然这些爱好里必须包括阅读。最重要的是我们要还给他们一个依然保有童真之心的孩子。让孩子永远保有生命的活力，感知生活是如此的美好。

刘荣丽老师：第一次读这篇文章，我似乎已经看到这位母亲的忐忑不安与无限的期待，也似乎能看到母亲对老师的期望，这篇文章值得我们去深思。对老师来说，他仅仅是一个学生，但对于一个家庭来说却是全部。我希望我的学生是健康快乐、诚实守信、品行端正，会思考、会探索、会观察、会发现的好少年。我会铭记这篇感人的文章，在今后的工作中倾注更多心血，找对方法，不负使命，不负家长的期望。

陈志萍老师：小学生正处于人生的初始阶段，一切都要学习，可塑性强，自控能力较差，是养成良好行为习惯的关键时期。叶圣陶先生说："什么是教育？简单一句话，就是要养成良好习惯。在德育方面，要养成待人处事和工作的良好习惯；在智育方面，要养成寻求知识和熟悉技能的良好习惯。"我认为良好的道德行为习惯、劳动习惯、生活习惯、卫生习惯、学习习惯、社交习惯养成后，家长会看到一个自律、有上进心、阳光健康的孩子。

李银娟老师：一、培养学生的自信心。小学教师是小学生的重要他人，所以给学生积极心理暗示，不管成绩是否优秀，都相信每个孩子未来都很精彩，给每个孩子都传递他能行的正能量。二、培养学生的阅读习惯。小学时期是培养阅读习惯的最佳时期，并且小学期间拥有大量的课余时间，所以每周晚上给孩子提供微信交流平台，让孩子进行读书交流。三、培养学生的思维能力。8、9 岁是培养学生思维能力的最佳时期，所以每天练习一道拓展思维的题目，培养学生的思维能力。四、培养高情商孩子。首先从家庭教育开始，家长幸福，家庭幸福，这样才能培养出幸福的孩子。另外引领家长把夫妻关系放第一位，父母放第二位，孩子放第三位，错了位置地动山摇，孩子容易自私。

其他老师们也纷纷加入热烈的讨论中，积极发表自己的看法。仝亚文老师表示：感受到家长的殷切期盼，更感到自己肩上的重担，对自己也应该有更多的要求。常常说言传身教，我想让孩子成为什么样的人，自己首先就要成为什么样的人。

刘丽锋老师：我们的教育不能让孩子千人一面，不能让孩子像机器一样按我们输入的程序进行一样的动作。家长给我们一个无畏征途的孩子，我们应该还给家长一个无畏征途的孩子。第一个无畏是纯真，第二个无畏是勇敢和创造。

王晓艳老师：师者父母心。当我走进教室看到一群孩子的时候，我心里也在问自己：这些孩子是什么样子的？家长把他们交给我，我会把他教成什么样？当时我就给自己一个期许，首先让他成为一个热爱集体、自尊自信的人。其次，让他成为一个热爱生活、感恩生活、富有学习精神的人。我也给自己一个底线，如果有的孩子真的不爱学习的话，那么让他先成为一个真真正正的人。最起码长大步入社会之后，有一技之长，能够独立生活在这世界之中。

赵建党老师：第一，教学生学会生存。对于家长而言，无论成绩好坏，孩子健健康康的才行，当孩子的生命受到威胁时，无论道德、法律，都可以抛诸脑后。这就是我认为的生命观。第二，学会做人。如果道德品质差，做人无底线，掌握的知识越多，将来对社会的危害越大。对家长来说，后面只能补窟窿了。

杨济谦老师：这篇文章，既让我们思考我们育人的目标，又让我们思考了育人的方式方法，相信只要我们拿出真心对待孩子，就一定不会偏离正确的道路。

时间总是随着我们的思考飞快流逝，希望思考再继续，践行再继续；希望未来更精彩，更无悔，更伟大。感谢各位虫儿的积极参与！就像都娟坊主所说，不忘初心，要时刻牢记育人的初心和使命。不看轻自己，不看轻自己的工作，一定会做得更好。本期《毛毛虫说·智享教育生活》栏目就要和大家说再见了，下期活动，不见不散！

本期锦囊：

1. 教师要承担好教育孩子的责任。孩子的成长寄托着家长的期盼，学校是育人的场所，家长把孩子送到学校，教师一定要用自己敬业、乐业的精神，相信每一位学生，善待每一位学生，做到一个都不放弃，真正做好教书育人。

2. 教师承载着塑造新人的时代重任。身为教师，我们不能把教书育人降低到只传授知识的层面上。我们要不断充实自己，努力提高自己的从教素质。以无私奉献的精神去感染学生，以渊博的知识去培育学生，以科学的方法去引导学生，以真诚的爱心去温暖学生，以高尚的师德去影响学生，用健全的人格塑造学生的美好心灵，影响一代又一代的学生，做一名让人民满意、家长放心的教师。

中途接班难度大　名师团队有方法

——班主任班级管理分析（7）

教育的艺术不是传授，而是鼓舞和唤醒。河南省都娟名师名班主任工作室——毛毛虫工作坊《毛毛虫说·智享教育生活》栏目于晚8点准时与工作坊的虫儿们相约。

本期的题目内容如下：

亲爱的虫儿们，开学在即，我们也在为开学做着各方面的准备。走进新学期，由于工作的需要，也许很多老班会走进一个"新"的班级：中途接班，做起了"后爸后妈"。那么，如何实现由"后爸后妈"到"亲爸亲妈"的转变，如何在最短的时间内带领这个班级"扭亏为盈"、焕然一新，是摆在中途接班的老班们面前一个亟待解决的问题。本周我们"毛毛虫说·智享教育生活"栏目聚焦的话题就是：请为中途接班的老班们"支支招"。期待大家分享自己的"高招"，以让我们班级以最快的速度进入最佳学习状态。

李璐老师率先发表了自己的观点：说到这个问题时，"后爸后妈"这个词用来形容半路接班的班主任特别贴切。怎样做好"后爸后妈"，我觉得首要任务不是治理班级，而是打开心结，让孩子明白真相。很多时候对于"后爸后妈"，孩子们的情绪是很抵触的，在不明真相的情况下很多孩子会有误解，认为是"后爸后妈"导致他们与"亲爸亲妈"出现隔阂与分离。我觉得孩子在这个时候有必要知道为什么会发生这种情况，简单跟孩子分析一下，让孩子打开心结。第二，打开心结后，我们还要和原班主任积极沟通，了解他的处事风格、布置作业情况，了解班级的特殊情况，在了解情况后再制订班级管理的方案。案例中，班主任接管班级后觉得班风不正，他应当在了解原因之后再去制订方案，否则一意孤行，很容易让孩子产生逆反情绪。第三，都校长曾经说过，一定要让孩子服你，不服你百事不成，服你自然万事成。与其接手班级之后就开始大刀阔斧地改革，还不如去走近孩子，让孩子信任并且服气你。亲其师，信其道，受你的影响，慢慢地适应后，他们必将全力配合。

刘丽锋老师：教育不是灌输而是感染，不是管制而是管理。班主任只是给学生灌输正确的价值观，却没有激发孩子的内驱力，所以平稳不会长久。班主任只教给了学生是非观，却没有建设班级凝聚力，所以会当面一套背后一套。中途接班是最难的事情，我们不妨这样试一试：

一、多付出，少说教，让孩子感受到老班的真诚。

二、民主定班规，用制度管理学生。

三、多举行活动，打造班级凝聚力。

四、制定奖惩规则，让孩子看到成长的力量，品尝到努力的甜头。

五、和学生书信来往，了解每一个孩子。

冯喜玲老师：让学生把缺点隐藏起来，新学期尝试用新姿态面对每一天。也可以采用之前说的调查问卷的方式，以最快的速度了解每一个学生的家庭情况和内心世界。消除彼此的心理隔阂很重要，有时许多的好可能也阻止不了学生对以往老师的怀念。第一次见面之前向老班充分了解每一个学生的优点，大力赞扬。

杨济谦老师：首先要了解情况，甚至具体到每一个人的爱好、性格、家庭、学习等各个方面。第二是找到问题的关键点，谁在班级有威信，谁是问题的根源。第三是先解决领头的问题，擒贼先擒王。第四是我们的日常活动、班纪班规。当然这里面的每一步都离不开班主任的真心付出。

紧接着杨济谦老师又给出了以下9条具体建议：

一、精心设计好第一次见面，既肯定学生的优点，还得展示自己的优势，既有关爱还有严格要求。这个时候，你展示的就是你的特点。

二、发动优秀生带动良好的班风，以求东风压倒西风。

三、对重点学生给予特殊关照，特别是问题学生，在他调皮之前安抚到位，不让冲突出现。

四、以制度说话，并严格执行。

五、充分利用学校班级活动，凝聚人心。

六、一定要取得成绩，成绩是最好的奖状。

七、树立班级正确班风，明确目标，比如"只做最好"等。

八、树立班级形象，让学生有班级自豪感。比如某项活动中，取得最优表现。

九、"后爸后妈"一开始还是少批评，多鼓励，有问题课下解决，别闹上朝堂，不好收场。

只要付出了真情，就一定会有你想不到的奇迹。感情就是在笑与泪中变得真诚深厚的。各位老师的积极参与讨论，让每一个人获益匪浅。

杨彩霞老师：班主任难做，中途接班的班主任更难。

一、要调整心态，用积极的心态去迎接新的挑战。

二、第一次见面，印象要好。在新班的第一次亮相，班主任要给学生一个好印象。

三、深入摸底，了解班级情况。要了解学生情况，发现他们的优点，充分加以利用，特别是原有班团干部的支持，让班级迅速稳定下来。

四、注重方法。班主任要注重班级管理艺术，对待学生永远充满爱和宽容。

不知不觉，一个小时的时间已过去，本期《毛毛虫说·智享教育生活》栏目就要和大家说再见了，下期活动不见不散！

本期锦囊：

1. 关心爱护学生。作为中途接班的老师，要用爱心感染学生，耐心教化学生，用真诚建立起双方的信心。老师对学生的进步要有信心，多关心他们的学习、生活，帮助学生解决各种困扰，细心地留意他们的喜好，了解他们的内心世界，让学生感受到老班真诚的爱。

2. 科学管理班级。教育不是灌输而是感染，不是管制而是管理。班主任只是给学生灌输正确的价值观，却没有激发孩子的内驱力，所以平稳不会长久。班主任只教给了学生是非观，却没有增强班级凝聚力，所以会当面一套背后一套。中途接班是最难的事情，所以中途接班的老班要民主定班规，用制度管理学生；多举行活动，打造班级凝聚力；制定奖惩规则，让孩子看到成长的力量，品尝到努力的甜头；发动优秀生带动良好的班风，以求东风压倒西风。

亲切问候暖人心　浓浓关怀送真情

—— 班主任班级管理分析（8）

金秋送爽，丹桂飘香，愉快而又充实的暑假生活即将结束，市十中毛毛虫工作坊又迎来了每周三晚8点准时开播的河南省都娟名师名班主任工作室——毛毛虫工作坊《毛毛虫说·智享教育生活》栏目。

栏目主持人李璐老师带领大家通过分析思考发生在我们身边的案例，提升专业能力。本期栏目的题目内容如下：

亲爱的虫儿们，大家好。我们《毛毛虫说·智享教育生活》栏目时间马上就到了。恰逢开学季，我们都在为学生返校而忙碌着。2020年是不平凡的一年，但正因如此才让这一次的重逢显得尤为珍贵，有没有一句话，是你最想给即将返校的学生说的？今天《毛毛虫说·智享教育生活》就来讨论这个话题。首先请大家欣赏一下高校的最暖欢迎语。

话题一出，立刻引起了老师们的热烈讨论。

李璐老师：这些横幅，有的紧跟时代潮流，有的尽情表达对学生的爱。我会对即将返校的一年级的小豆豆们说：小可爱们，欢迎光顾我的人生。

冯会然老师：暖暖的欢迎语，真是暖化了人心呀。让我也想起了一句话——你归来的笑容是校园里最美的花。

李雪白老师：没有你的这些天，我只能唱独角戏。

高宁老师：重逢时，我们还是我们。

温情催泪也好，卖萌逗趣也罢，开学之际，老师们用尽洪荒之力，烧出脑洞，催出白发，只为用最潮的方式和最赤诚之心，迎接学子们归校。杨济谦老师说：看似一句话，其实就是一种心情，一个心愿，一种期盼。

接着高巧竹老师从学校的角度鼓励学生：新学期、新起点、新目标、新征程、新跨越、新希望。学校教育我长大，我让母校放光华。十中培育我成长，我让十中放光芒。

杨彩霞老师想对学生说：因为有了你们，校园充满了希望与活力。

齐春英老师充满诗意地说：书声琅琅重回教室，笑语盈盈再临校园。

我们敬爱的都娟坊主压轴出场，她最想对孩子们说：孩子们，学校有你们在，才更好看！

最后杨济谦老师做了总结性的发言：开学季的一句话，也许会让学生牢记一生，也是我们这个学期共同完成的心愿。希望今天的讨论能让大家想想，我们最想给孩子的是什么？今天的讨论即将结束，但是大家可以继续想，也许明天你的黑板上就会出现这个开学季最暖的那句话。

一个小时的时间转眼就到了，可是毛毛虫工作坊的老师们还在如火如荼地讨论着。大家看到了更多新鲜的观点，有了更加深刻的思考。对于学校来说，从一个个小细节做起，走心地注入开放、人文、自由的教育理念，让一个个"有趣的灵魂"得以滋养、有机会发挥，是与知识传授本身同样重要的使命。老师们创意暖心的标语背后，是校园文化的灵动表达。这样的细节变多了，活力与创意自然会随之涌现。

美好的时光总是短暂的，讨论虽结束了，但老师们的热情不减。相信这一个小时的分享，大家都收获颇丰。让我们期待下一次的成长，下期活动，不见不散！

本期锦囊：

开学季的一句话，会让学生牢记一生。温情催泪也好，卖萌逗趣也罢，开学之际，老师们用尽洪荒之力，烧出脑洞，催出白发，只为用最潮的方式和最赤诚之心，迎接学子们归校。

矛盾纠纷巧化解　就地解决促和谐

——班主任班级管理分析（9）

闲暇的暑假已成过往，紧张的新学期开始了，各路老师开始了忙碌的工作，学习成长依旧未停止。

2020 年 9 月 9 日晚上 8 点，主持人在毛毛虫工作坊微信群发出了栏目开始的提醒。

本周我们聚焦的话题是"第八届河南最具智慧班主任候选人"抽签答辩的案例：班里学生小星被隔壁班学生小强的家长打了。起因是放学时小星看到小强辱骂女同学，他看不惯就踢了小强一脚。小强把这件事告诉了家长，家长来到学校，先去找校长但没找到，然后就径直来到小星的班里，用电缆线抽打了小星，致其头部多处受伤。假如你是小星的班主任，你会如何处理此事？

齐春英老师率先发言：这则案例，看得我心疼心堵。我只想用"自责、追责"概括。自责，是因为作为小星的班主任，我没有保护好自己的学生，任一位成年人在校园撒野，致使学生身心双受伤。目睹这一幕的其他孩子，内心该多么恐惧。班主任如果在场绝不会让这种恶性事件发生！一定会全力制止，宁可让失去理性的电线抽到自己身上。追责，作为小星班主任我会在事后协助小星家长和学校追究到学校撒野的小强家长的法律责任，再追究民事责任，最后才是后补教育和心理辅导。

李璐老师也表示，看到这个案例时，她是震惊的，震惊于家长的做法，震惊于学校的管理疏漏。事情已经发生了，要怎么处理？第一，身为班主任，首先要安抚好小星以及小星的家长，让他们能够感受到学校的关怀，并询问孩子事情缘由。第二，安抚小强家长，询问小强家长缘由。切记不要让双方家长直接见面，爆发不可收拾的局面。等到大家把事情都说清楚以后，班主任要从中认真分析事情经过。先认真分析事情，让双方家长就事论事，再分析对错，分析行为的利弊。第三，小星是没有错的，而小强的家长也是典型的溺爱孩子，爱子心切，但是处理事情太过激。如果小星受伤严重，应当求助于警方来处理。最后，李璐老师提醒各位班主任，一定要告知所有家长，学校里发生的事情能让班主任处理的，家长们一定不能只听信孩子一面之词就私自处理，把孩子间的小小纠纷，升级成了动用警力的暴力事件。这种处理方式显然是最差的处理方式。

王陆曼老师给出了自己的解决方案：冷静地处理问题应该放在第一位，症结在哪里矛盾便出现在哪里。作为班主任首先要做的就是处理小星的伤势，及时将孩子送往最近的医院，并联系学校安全办，将情绪激动的小强家长制服并迅速带离班级，避免对班级里的其他学生再次造成伤害。其次便是了解事情的经过，安抚双方家长情绪，避免事情向更严重的方向发展。

郑长青老师认为：作为班主任，首先要做的是把小星送医院，稳定好小星和小星家长的情绪，严重可以报警。然后了解事情原委，并告知小强家长，看其家长态度。先安抚再进行思想教育，孩子之间的问题可以鼓励让孩子自己解决。暴力往往不能解决问题，而是把事情严重化。家长态度不好，思想顽固，可以法律求助。最后，小星的出发点是正确的，是有正能量的学生。让小强家长明白自己孩子有错，对小星及小星家长道歉。在班里召开有关自我保护和矛盾如何处理的班会，提高孩子的自我保护意识。

李雪老师结合自身体会谈了看法。当天开家长会她还在强调孩子之间如果有小矛盾，家长一定不要激化矛盾，小的事情可以让孩子自己去协商解决，大的事情要经过班主任去处理，家长切莫私下自己处理。另外，一定要让孩子明确是非曲直，弘扬正能量，家长切莫因为爱子心切而不让孩子知道哪些事情是正确的，哪些事情是错误的。

杨济谦老师：这件事首先对我们班主任提出了一个要求，就是要注意传递好家庭教育的知识；也要时刻注意给家长传递正面的信息，就是如果出现了什么情况，家长正确的做法应该是什么。

这时工作坊的都坊主抛出了疑问：事情已经发生，伤害也成事实，大家想一想，该如何避免这样的事情发生？如何做到防患于未然？坊内的虫儿们纷纷献出了自己的妙计。

高巧竹老师：家长遇到类似的事，一定要理智，首先不能护短，要先找自己孩子的不足和错误，然后再找班主任承认自己的错误，这样就不会把事情闹大，更不会出现家长打孩子的事。

杨济谦老师：希望我们能从教育的角度，既重视孩子的教育，也要重视家长的教育；既注意自己的进一步提升，也要注意学校和班级管理的严密。

赵建党老师：首先让小强的家长认识到自己的错误及其严重性，其行为已经违反法律了，应该受到法律制裁；只有他认识到自己的错误，并愿意承担责任，才能继续去做小星的工作。让小星认识到无论他的错误还是小强家长的错误，都必须自己承担责任，从教育的角度来和小星的家长进行沟通。让犯错误的人都受到惩戒，才能完美收官。

美好的时光总是这么短暂，每次说到最尽兴时，大家的各种精彩观点又呈现了出来。生活处处皆教育，生活处处皆修行，教育孩子一定要睁大眼睛，明白是非，控制情绪，选择无条件相信老师、相信学校。时时刻刻提醒自己，自己的孩子是孩子，别人的孩子也是孩子，孩子的成长离不开社会团体，虽有磕磕碰碰，但是这就是成长啊！期待下期《毛毛虫说·智享教育生活》栏目继续给我们带来思想上的盛宴。

本期锦囊：

1. 有效预防。作为班主任应从学生实际出发，多找身边的实例，加强宣传教育，多引导学生，培养包容心，逐步减少冲突的发生，构建和谐班级。另外从开展家庭教育指导、加强家校日常沟通、规范学校教育管理等方面入手，帮助家长克服认识偏差、掌握教育方法，增强家长法治意识，防止发生校闹等极端行为。平时应重视建立家校信任关系，及时有效地回应和处理家长反映的问题，建立家长对教师的专业认同，保证家长充分了解和参与学校教育与管理。

2. 公正对待。在处理学生问题且涉及双方家长的时候，应是一碗水端平，使每一位家长心服口服。

3. 积极善后。教师应主动安抚相关涉事主体的情绪，防止过激行为引发新的矛盾。应围绕所引发的矛盾开展班会活动以及家长会，并总结经验，反思不足，完善学校相关制度。

加强青春期教育　关爱青少年成长

——班主任班级管理分析（10）

时间如白驹过隙，毛毛虫工作坊《毛毛虫说·智享教育生活》栏目准时开播了！

本期的题目内容如下：一个14岁男孩因在学校打扑克，被妈妈打了两个耳光后跳楼身亡。到底是什么让这个孩子决然地走上不归路？作为一名教师，我们在孩子成长的过程中，到底该发挥什么样的作用？14岁的孩子到底需要什么？痛心之余，这些问题一直让大家深深思索。让我们以对生命高度负责的态度，从一名教育工作者的专业角度，针对这个让人倍感压抑的案例，发表自己的看法，用师者智慧，创造美好教育生活。

李雪白老师：14岁是青春叛逆期的高峰时期，我们老师对待叛逆期的学生一定要有耐心和爱心。在学校应多安排一些班级活动，让叛逆期的学生都有归属感与认同感。因为学生学习上的差异，有很多学困生在班集体中没有一点存在感，为了引起老师和同学的注意，他们常常会做出一些出格的事情。如果我们多进行一些班级活动，比如各类小竞赛，让有各种特长的学生有一个展示的平台，学生就可以感受到自己是集体的一分子，充分满足了自己的归属感和认同感。同时在活动中还增进了同学之间的友情，学生还可以在活动中成长，增强集体荣誉感。

王静老师：第一，老师一定要注意保护青春期孩子的自尊心和玻璃心，引导比责备更重要。第二，作为老师，出现问题要自己想方设法解决，可以和孩子约定，将功补过，犯个小错而已，我们眼里要容得下孩子的错误，不是说错着错着就长大了吗？自己能解决的一定不能动辄就叫家长。第三，作为家长，打骂孩子不是教育，那是宣泄，走近孩子才能帮助孩子解决各种问题，凡事多一分耐心，一切皆能如愿。

姚伟伟老师：青少年时期孩子精力旺盛，但现在学业负担重，家庭陪伴缺失，孩子遇见问题不知道如何排解，没有发泄及疏解的通道。在孩子小时候培养些美的爱好，让孩子看到世界的美好，把烦闷的情绪画出来、喊出来、跑出来，通过好的途径发泄出来，让孩子学会有效自我疗伤的方法。

杨济谦老师：虽然我们很不愿意讨论这样的案例，但是我们也不能简单地把这个事情看成一个意外。我们今天的讨论关注了家庭，关注了父母，也关注了老师和孩子。现在感觉这几种角色如果能是一个和谐的整体，教育就不会出现生与死的惨烈。相信今天的讨论会让我们对每天要做的教育有更深层的思考，有更智慧的提高，我们一定会用我们的智慧，让教育变得更美好。就像都坊主所说的那样，让"老师好"成为校园的流行语。现在明白，都娟坊主每天面对孩子挥手微笑、亲切问好，绝不仅是一个简单的打招呼。让校园成为孩子们最喜欢的地方，让老师成为孩子最喜爱的人，这时校园才会是最美丽的地方，教育才会以最美丽的样子出现。让我们以这样的梦想共勉吧。

一个小时的时间转眼就到了，可是毛毛虫工作坊的虫儿们却还在如火如荼地讨论着。虽然本次的讨论到此结束了，但是大家学习的热情不减。大家看到了更多新鲜的观点，有了更加深刻的思考。6 岁前的孩子需要的是陪伴，6 到 12 岁的孩子需要的是规矩，12 到 16 岁的孩子需要的是尊重和理解。孩子是在不断变化的人，教育也应该时刻变化，因人而异。适合的爱才是真的爱，不要把教科书当作全世界，而应该把全世界当教科书。请对孩子们多些理解和关爱！

本期锦囊：

1. 用心关爱，靠近心灵。对待青春期的学生一定要有耐心和爱心，让叛逆期的学生有归属感与认同感。

2. 注重沟通，缩短距离。注重沟通的平等性和及时性。在交流时要注意策略和技巧，适度给孩子倾诉自己的心事和故事，引起情感共鸣，保护孩子们的自尊心。

3. 对症下药，及时引导。让学生既会自我调控，又善于自我解脱、自我振奋。要引导学生正确对待挫折和失败，从而发挥其主体能动作用，避免产生消极逆反心理。

家校沟通促和谐　春风化雨育桃李

——班主任班级管理分析（11）

河南省都娟名师名班主任工作室——毛毛虫工作坊一直致力于工作坊成员的专业化成长，不断开展有利于虫儿们学习成长的活动，坚持每周一次线上研讨活动。每周三晚上8点，毛毛虫工作坊《毛毛虫说·智享教育生活》栏目都会与工作坊的虫儿们准时相约，来一次美丽的邂逅，在线上撞击思想的火花。

本周三《毛毛虫说·智享教育生活》栏目主持人带领大家一起关注最新教育新闻。内容如下：最近，头条新闻报道了一则关于"家长因没参加小学大扫除被面谈"的消息，引发了众多网友热议。现在让我们一起来看一下这则消息。作为家长，您怎样看待老师要求家长到校打扫卫生的行为？作为老师，您是如何安排卫生打扫的？您会在什么情况下要求家长到校打扫？对于家长不能到校打扫卫生或者说不能及时配合老师工作时，您觉得怎么处理才更加合理？家校紧密联系的时代，家校关系和谐才能促进彼此共同进步、携手同行，我们应该怎样更好地处理这些小细节问题？

杨彩霞老师：教室每天都要清扫，每个学生都要参加值日劳动，这既是为集体服务，为大家创造一个整洁的学习环境，同时也有利于个人在良好的环境里学习，培养学生爱劳动、爱集体的习惯。我们班每周都会有一组值日生负责教室的清扫等值日工作，但在学生年龄较小的时候，独自打扫对他们来说太吃力，所以在校时老师教，回家后家长教。每周会有一次大扫除，每组8名值日生，每组的值日生家长分两个小组，每个小组2—4人，自愿参加辅助孩子大扫除，有事自行调换。大扫除的目的是让教室变得更加干净整洁，为学生创造良好的学习环境。

裴慧莹老师：关于参加学校劳动这件事，仁者见仁，智者见智。但为何引发这样的新闻，我想背后更深的原因是家校沟通存在一些偏差。若学校劳动确实需要家长的参与，应在自愿的基础上，在确定人员之后，再有明确通知，以免出现类似的问题。

李银娟老师从三个方面进行了详细探讨：一、作为家长，老师让家长参加打扫卫生一定考虑到劳动量。假如家长不参与会耽误大量教学时间，学校也是面临大的迎检不得已才联系家长的，所以这个时候尽力参与，节约的是孩子学习时间。家长参与，让一切教学活动能够有序开展。二、作为老师，平时值日让学生参与，分组轮流进行。当面临连续两天也不能完成的劳动量，如教室需要清理死角时，面临紧急通知，老师和学生没有能力完成时，就需要家长的配合。对于家长不能到校打扫卫生或者不能及时配合老师工作时，老师要想到这是正常现象，家长面临忙碌的工作，没看到信息可以理解。所以发动家长不要太多，面向全班家长招募，但是人数尽量控制在 10 人以内，按接龙顺序，到 10 人告诉家长接龙完毕，不需要全部家长到来，所以不存在对不来的家长进行批评的问题。但是一定要对参加劳动的家长大力表扬，目的是为了今后工作顺利进行。三、家校紧密联系的时代，家校关系和谐才能促进各个方面工作顺利进行。以尊重为前提，尊重指的是对全部家长尊重，对于没参与过班级劳动的家长反而要多关心一些，主动询问是不是家庭遇到了困难。以尊重、欣赏为前提，处理任何一个小细节都能够带动家长，这样，教师的每句话就会走进家长心坎上。

虫儿们的探讨热烈非凡。高处应该由老师负责打扫，一月一次；低处应该让孩子们打扫，每天值日，分包到具体人。当然，工作量确实太大的劳动，可以让家长志愿者参加，并加大对劳动的表彰，培养学生爱劳动的好习惯。其实没必要因为家长某一项工作没配合好，就揪着不放，大家互相理解，各退一步，关系会变得更融洽。家校关系融洽，班级会更加和谐。打扫卫生在一定程度上可以帮助学生培养集体意识和动手能力，也是一次亲子活动，家长要客观看待，中高年级要鼓励学生积极参与到集体劳动中去。

社会上关于教育的热点问题，成为虫儿们智慧的闪光点、交流的碰撞点。虫儿们的交流一直持续到晚上 9 点，在不断的交流与碰撞中，教育智慧、沟通技巧也在悄悄萌发。期待下周三更加精彩的研讨。

本期锦囊:

1. 沟通。多沟通,主动沟通,有效沟通。首先,要利用好各种通信手段使教师和家长之间的联系更密切。其次,教师要提高自己的交流能力,在和家长沟通时,能够做到换位思考,学会用良好而富有温情的沟通加深理解、化解矛盾。

2. 理解。家长来自于社会的各个层面,对教育的理解、对孩子的期待不尽相同,所以,我们应对每一个孩子及其家庭情况做具体分析,善用不同的沟通技巧公平对待,以适应不同家庭的不同教育需求。只有这样,才能真正做到与家长的和谐相处,和家长高效沟通,从而达到相互理解与信任。

3. 尊重。教师要尊重家长,平等的、发自内心的尊重是解决一切问题的基础和核心。尊重学生家长的人格,不训斥,不指责,谋求共同一致的教育立场,取得家长的支持和配合。

聚焦学生优点　转化自身不足

——班主任班级管理分析（12）

　　毛毛虫工作坊一直致力于工作坊成员的专业化成长，不断开展有利于虫儿们成长的活动，坚持每周一次线上研讨活动。每周三晚上 8 点，毛毛虫工作坊《毛毛虫说·智享教育生活》栏目都会与虫儿们准时相约，来一次美丽的邂逅，在线上碰撞出思想的火花。

　　本周三由栏目主持人带领大家关注我省班主任工作的最高赛事——班主任基本功大赛，一起走进"班级管理案例答辩"环节。本次为大家提供的就是刚刚结束的我省第三届班主任基本功展示活动的案例解析题，题目内容如下：

　　八年级的小睿活泼伶俐，待人热情，懂礼貌，爱劳动，但就是在学习方面，行为习惯差。课堂上时常不听讲，搞小动作，自习时爱和同学悄悄说话，作业质量差等问题不断。每次老师批评他时，他认错态度很好，总保证今后一定做好，但很快就又旧病复发。班主任没有办法了，请你给班主任出出主意。

　　在此环节中，班主任们需要提前 10 分钟从题库中抽题，现场 3 分钟分析解答，理论结合实践提出解决问题的策略和方法，以展现班主任们的育人智慧和思辨力、表达力。所以，教育案例解析是班主任提升专业能力的一个重要途径。

周三晚上，主持人在工作坊发出了栏目开始的提醒。第一个发言的是朱晓运老师，她说：在我的班级里也有这样的孩子，我认为应该首先对他爱劳动、懂礼貌的行为提出表扬，在学习上的各种坏习惯说明了他在这个过程中遇到了困难，意志力不强，所以老师应该在学习中给予他更多帮助，帮他做好规划。如果他能从学习中获得成就感，肯定也会爱上学习的。

紧接着李银娟老师也发表了自己的见解：教育小睿，应先从闪光点入手，激发孩子学习内驱力。小睿有很多优点，如活泼伶俐、待人热情、懂礼貌、爱劳动。这么多优点说明小睿情商高，这么多优点足够激发孩子学习的积极性。分析孩子学习被动的原因，可能是得不到老师和同学们的肯定。我感觉突破口要从他的优点入手，先不提学习，而是激发孩子上进的能量。另外也要家长配合，接纳孩子目前现状，为孩子有那么多的优点感到欣慰，孩子一旦被接纳认可，学习就会有起色。

两位老师都从肯定小睿优点、理解小睿入手，告诉大家如何通过肯定学生优点，有章法地解决小睿身上的缺点。

晁利攀老师从四个方面对此案例进行了深度分析：首先，肯定孩子的优点，也要指出小睿的缺点带来的恶劣影响，鼓励孩子要勇于正视自己的缺点并耐心地一点一滴地改正。其次，作为教育者，要换个角度看问题，不要只盯着孩子的小毛病，而要发现孩子的微小进步，并及时给予鼓励和表扬。再次，探究孩子课堂专注时间短、注意力不集中的深层原因。最后，教师也要认真自我反思，找出小睿不能认真听课的原因。

巩彤彤老师：遇到小睿这种情况，要与家长进行沟通，家校合力帮助孩子养成良好的习惯。与家长共同制订有效方案，在家和在学校都要注意学生行为习惯的培养。第一，多关注孩子的优点，但也要行为约束。第二，进步后及时奖励，多用正面语言进行激励。第三，老师可以通过调整座位，让小睿和自律的同学做同桌，发现别人身上的优点，进行正面影响，慢慢改掉自己的坏习惯。

宋雪洁老师认为：八年级的孩子从心理和生理的发展角度来看，他们的自主意识增强，需要彰显自我，更需要得到别人的关怀和肯定，我们可以从内、外因两方面入手帮助他们。首先，以内因为抓手。从孩子层面来说，我们需要不断找孩子谈心，先鼓励肯定他的优点，再让他认识到自己的不足，控制自己的行为。其次，从外因入手帮助他。同学层面，让周围的同学时刻肯定他的优点，提醒他的不良习惯，而不是排斥。家长层面，让家长放大优点，关注优点，从而忽视缺点。和老师积极沟通，互通孩子的优点信息，同时表扬，只要不断正面强化终会有效果。和孩子交流时不能输入负能量的话语，去掉否定词，去掉情绪。老师层面，可以开展公平的评选明星活动，把孩子树立为劳动之星或者助人为乐之星。有了榜样的光环，其实从另一角度来看也会促使他约束自己。

老师们积极发言，或就某一个教育观点发表自己的思考，或针对案例中的现象说出自己好的做法，或提出自己的教育疑惑。大家边交流边解疑，互相点赞，互相学习，群里热闹非凡。

成绩不是衡量学生的唯一标准。

家校合作，共同制订有效方案，注意行为习惯的培养。

学生的问题能够得到老师的正确引导、及时纠正、持续关注，这就是学校教育的最大优点，也是我们需要不断努力的方向。

问题学生并不是真的有问题，只是我们没有对症下药。

没有一针见效的教育方法，只有相对合适的教育方法。

从大家的发言里，我们看到了工作在一线的优秀老师们都在用自己的方式书写着"小城大爱"。时间总是短暂的，虽然本次栏目提前开始了将近 40 分钟，但是一直到晚上 9 点即将结束时，老师们依旧热情不减。

讨论结束后，主持人在群里分享了《教育时报》刊登的一等奖获得者莫老师的精彩发言，而莫老师的发言和各位老师的发言不谋而合。那一段段的文字，都是大家思想的结晶，每个发言的老师，都给了大家一份满分答卷。案例分析题，或许没有 100 分的答案，但透过这个事件可以看到处理这件事情的虫儿们，对孩子有多少爱，对教育有多少思考！教育方法千万种，我们要不厌其烦地给孩子最合适的那一种！

每一个教育问题都值得我们深入探讨，老师们的讨论落下了帷幕，但是成长没有停止，大家依旧在不停地积蓄力量，努力蜕变。活动过后，那句"下周三，我们不见不散！"成了多少老师的无限期待，下期又有什么样的精彩呢？让我们拭目以待！

本期锦囊：

1. 肯定优点，拉近距离。对处于叛逆期的学生来说，一味地批评反而会适得其反。出现问题后，先肯定他们身上的优点，往往更能拉近师生之间的距离，为接下来的谈话打开通道。

2. 建立良好的师生关系。经常和他们谈心、沟通，了解他们的心理需要，真心为他们着想，让他们摆正什么事应该做、什么事不应该做的心态，发挥他们的内在潜能，让他们找到心理、思想、体力的合理释放点。

3. 做好家校沟通。和家长及时沟通交流，家长要树立正确的教育观念，既要学会欣赏孩子，也要正视孩子的问题，与孩子一起学习，为孩子做出榜样，营造一个良好的学习环境。

敏感偏科屡受挫　击破焦虑树自信

——班主任班级管理分析（13）

天渐冷，朔风寒。毛毛虫工作坊里，光亦亮，心亦暖。12月2日，毛毛虫工作坊《毛毛虫说·智享教育生活》栏目第18期活动与虫儿们准时相约。

本期的题目内容如下：班里一名女生刚开始学习成绩很不错，文科成绩曾在班里领先，但她偏科，数学不是很好。她自尊心又极强，每次数学成绩下来都很焦虑。我常安慰劝导她，但作用不大。后来她开始逃避，曾离家出走，后来要求父母接送。现在她很消极，常常请假，越是这样，成绩越是跟不上。我该如何指导这个学生？请你给班主任出出主意。

张红丽老师于晚上7点18分发出了这样一段文字：其实，这道题是我们学校第二届省名班主任工作室"向前工作室"成员施琳琳老师所出的一道题。她现在担任初三年级班主任，这个学生刚开始总成绩是班级前十五名，后来因为畏惧数学，经常请假，成绩落到班里四十多名。面对这个女生，班主任是什么方法都用了，遗憾和心痛的是这个女生现在已经怎么着都不愿意上学了。

没想到这引人深思的案例，就真实地发生在我们身边。都娟坊主立即号召虫儿们携起手来，用团队的智慧帮助这个孩子渡过难关。一呼百应，张秋香老师、贾中涛老师以及李银娟老师都发来了中肯的建议，给出了可行的方法。一石激起千层浪，大家热烈讨论，深入思考。

贾中涛老师率先发表了自己的观点：问题的核心在于数学，解决了数学的学习问题一切问题就迎刃而解了。我觉得应该从以下几个方面解决问题。

一、提供基本的数学学习方法，培养最基本的数学思维能力，先保证数学能考到平均分。

二、思想教育，培养面对困难迎难而上的精神品质和意志。

三、提升信心，通过文科的优秀成绩来肯定她的学习态度和努力程度。

李银娟老师发表了自己的见解：

一、联系家长利用好"爱的五种语言"：肯定的言辞、服务的行为、精心的时刻、礼物、身体的接触。

二、联系家长努力当孩子的加油站。从学生自身、学校、老师、家长四个方面着手分析，给予学生关爱和方法，让她找到自己数学薄弱的原因，在班级里找到自我的价值。

赵建党老师分享了自己指导偏科学生提高成绩的成功事例：我班里第九名的学生，除生物以外，各科成绩都很好。尤其是英语成绩特别好，每次考试都是满分，但生物成绩仅仅及格。我在想，如果她的生物成绩提高，绝对能够成为班级第一。我私下和她交谈过一次，我问她英语为什么考这么好呢，能不能给老师介绍介绍经验呢。小姑娘滔滔不绝地说起来，说自己每天早晨起来会读一篇英语小短文，每天晚上会记五个单词，从小学五年级开始，一直坚持到现在，所以英语对她来说不在话下。然后我话锋一转，说你的生物成绩不太好啊。她说自己对生物不感兴趣，也学不会，没有任何学习方法。我说你回去可以尝试一下，用学习英语的方法来学一下生物，每天把老师讲过的概念好好背背，把老师布置的作业实实在在做一做，不会的，随时问老师。如果坚持一个月还不行的话，我感觉你确实没有学生物的天赋，就不再责怪你了。结果尝试不到一个月，她的生物成绩大幅提高。

都娟坊主向大家分享了一位商丘师范学院教授的故事。这位"学霸"教授在严重偏科的情况之下，凭着其他学科的优势，依旧保持着遥遥领先的总成绩。

对于这个我们所有老师都会遇到的教育问题，虫儿们尽情分享着自己的做法。

打开孩子的心结，找一个切实可行的辅导方案。

学习有时就是一场毅力的较量，坚持下去就会柳暗花明。

把握好班级和家庭的氛围，不出现以成绩论高低的情况。

对于已经厌学的孩子，首先要学会倾听，在倾听中共情，让孩子慢慢走近你、信任你。

告诉孩子，真正打败自己的，不是某个学科的成绩，而是自己懦弱又虚荣的内心。

让喜欢的科目的科任老师牵引，增强孩子的自信心。

救人一命，如救苍生，能用全部身心去解决一个孩子的问题，可能是一个老师一辈子最值得做的一件事。

从大家的发言里，我们看到了虫儿们如何智慧地化解学生的心结，也感受到了这些在教育教学一线的虫儿们都在用自己的汗水努力地书写着自己的教育故事。我们想尽办法，不舍得放弃任何一个学生。我们的肩上，一头扛着学生的现在，一头扛着学生、家庭和国家、民族的未来。每一个智慧的家长和老师，都是以爱为前提的，以温暖为基础的。我们的价值，也许就是在孩子出现问题的时候，才能体现得出来。

大家边交流边解疑，互相分享心理学知识，互相点赞，互相学习，群里热闹非凡，暖流不断。

最后，主持人在群里分享了《教育时报》刊登的一等奖获得者王福冬老师的精彩发言。每一个真实的案例，背后都有无数需要帮助的孩子，他们需要我们这些能够给予方法的老师。这一个个活生生的案例，让我们不断地思考：什么样的教育是好的教育，什么样的教育是最合适的教育？每一个孩子都是鲜活的、灵动的，都是独一无二的，让我们带着对生命的敬畏去打开教育的门，在教育路上给孩子们更多前行的信心和力量吧！

本期锦囊：

1. 走进学生内心。要多与学生谈心，多给予关心和鼓励，促使她端正学习态度，勇敢面对现实，让她明白在学习乃至生活的态度上要努力追求成功而不是避免失败。

2. 建立学科自信。通过文科的优秀成绩来肯定她的学习态度和努力程度，分享正能量的故事，学习面对困难迎难而上的精神品质，树立学好数学的信心。

3. 给予方法指导。向数学老师寻求帮助，给学生提供基本的数学学习方法，培养最基本的数学思维能力，让学生克服学数学的困难。

4. 家校携手共育。老师客观全面地向家长反馈学生的在校表现和学习情况，了解孩子在家的生活习惯，共同探讨促进学生发展的教育措施和方法。

成绩差起冲突　入情理巧引导

——班主任班级管理分析（14）

冬风拂过，寒气无处不在。12月9日，河南省都娟名师名班主任工作室——毛毛虫工作坊《毛毛虫说·智享教育生活》栏目第19期活动于晚上8点与工作坊的虫儿们准时相约。

本期的题目内容如下：最近的一次教学质量检测成绩出来了，小吴各科成绩都不理想，妈妈一气之下打了小吴几巴掌，小吴还了手。当晚小吴妈妈哭着给我打电话说："很伤心，不想活了，一个人很辛苦，既要上班，还得照顾他，他一点也不体谅我……"安慰好小吴妈妈，我想明天见到小吴，得好好谈一谈。我得怎么谈呢？

李银娟老师率先从四个方面发表了自己的观点：

一、运用共情先解决小吴情绪。

二、表明立场：老师愿意帮助你。

三、给小吴建立自信。

四、唤起小吴回忆，激发感恩心。让小吴心平气和地与妈妈谈一谈，学会理解父母。

巩彤彤老师：小吴和妈妈两人都得做出改变。妈妈少一点指责，多一分理解；少一点批评，多一些表扬。小吴少一些任性，多一点体谅；少一点倔强，多一些沟通。

杨济谦老师发表了自己的见解：首先我们要分析小吴家里出现这种现象的原因。

一、小吴妈妈的行为过激，用打的方式表达了自己的不满意。

二、小吴的反应让人意外，说明小吴没有理解妈妈的行为背后是对自己的爱。

三、小吴考试各科成绩不理想，说明在学习上还需要提高和指导。

针对这种情况，我的做法是：

一、做好小吴妈妈的安慰工作，并通过安慰她，了解小吴平时在家的表现和在学习上的问题，为准确地把握小吴的问题做准备。安慰的同时要指出小吴妈妈没有控制情绪，动手打孩子的不对，并指导她正确地表达自己对孩子的爱。要把对孩子的学习指导放在平时，不能只有分数之后的指责和批评。

二、小吴到校后，我会通过谈话引导小吴自己说出昨天晚上在家里发生的事情，说出来之后就会了解到小吴的内心动向，有助于指出他的错误。然后郑重地指出小吴的错误：不理解妈妈的辛苦和对他的期望。从多方面向小吴说明妈妈的辛苦，让小吴体会妈妈的不易，认识自己的错误，并引导他去向妈妈道歉。

三、关注小吴的学习情况，从学习方法、态度、效果、课上课下等方面帮助他找到成绩不佳的原因，帮助他提高成绩，和小吴妈妈沟通，家校合力帮助孩子在学习上先站起来。

四、在班级里面，召开有关正确表达爱的主题班会，让孩子体会到父母的爱，也请家长参与，学会正确表达爱，争取在爱的氛围中共同完成教育成长的重任。

李璐老师化身为小吴的班主任，对小吴动之以情，晓之以理。提出关系决定教育，好的关系才有好的教育，分析透彻、有见地。

李老师说：我是小吴的班主任我会这样谈——

一、学习的下滑肯定是很多原因造成的，提高成绩也不是一蹴而就的，所以家长的急躁只会让小吴更加急躁，彼此的不理解和不尊重又加剧了矛盾。必须要给小吴的妈妈做好思想工作，让她理解孩子，尊重孩子，给孩子以支持，不能采取暴力极端手段，多给孩子一些空间，多一些理解和关爱。只有小吴的妈妈态度上有所改变，小吴才能更加平和地学习。解开小吴的心结，站在小吴的立场，也要说出妈妈打他的不对。

二、以学生感兴趣的点，好好和学生聊一聊，聊好了再切入到昨天的事情上，不可直接询问，小吴会有抵触心理。聊开以后，作为一名倾听者，多站在小吴的角度听听他是如何说的。寻找小吴学习下降的根本原因，给小吴可行的方法，激励小吴努力学习，一点一点慢慢来，先从自己最感兴趣的学科开始，和任课老师也要做好沟通，给他一个支点撬动学习兴趣，拉动别科成绩进步。

三、引导小吴理解妈妈，不能一味地说教，要动之以情，晓之以理。可以开展主题班会让他理解父母，或者用写作文、写书信的方式进行彼此的交流。很多时候，关系决定效果，好的关系才有好的教育效果。

最后都娟坊主带来了深度的分析，有方法，有指导，从多个方面梳理小吴情绪，从沟通技巧上让小吴上进，都是满满的干货。

一、帮助小吴理解一个核心问题——妈妈是爱他的。然后进行谈话："看到你各学科成绩都不理想，作为深爱你的妈妈，你觉得她的第一反应是什么？是生气还是开心呢？正是因为妈妈特别爱你，才为你这次不理想的成绩感到惋惜，所以妈妈的初衷是好的。也许是恨铁不成钢，妈妈采取了比较过激的行为，但作为孩子，应该理解和体谅妈妈。"

二、帮助小吴认识到自己行为的不当之处——不应该对妈妈还手。谈话内容如下："妈妈是长辈，是生你养你并心甘情愿一辈子为你付出的那个至亲至爱的人，还击意味着对妈妈的不敬、不孝、不尊，妈妈会很受伤……你的这种做法是不对的。"

三、帮助小吴分析这次各科考试成绩不理想的原因。"如果是方法问题，我会和你一起寻找更科学、有效的学习方法。如果是态度问题，我就要帮助你端正学习态度了——世界上最大的遗憾，莫过于我本可以，却未能全力以赴。在人生不同阶段都有不同的使命。而在学生阶段，学习掌握知识，培养为以后的人生获得成就的能力，就是这个阶段最重要的使命。为了这个使命，你必须要好好学习，必须要好好努力。所有在学习上偷过的懒，将来都会变成狠狠打脸的巴掌。"

四、引导小吴主动与妈妈沟通交流。"妈妈现在心里很难过，也很失落，解铃还须系铃人，希望你能够主动与妈妈沟通，向妈妈承认错误，认真分析这一次成绩不理想的原因，并向妈妈做出继续努力的承诺。妈妈是最爱你的人，我相信她一定会原谅你、相信你。"

弹指间一个小时的讨论交流时间已经到了，毛毛虫工作坊的虫儿们讨论得如火如荼，兴致未减分毫。每一次的讨论，都会激起虫儿们对提高自己教育能力的思考。反思自己、提高自己，就是成就自己、成就学生，更是成就未来。真心希望《智享教育生活》能让所有的虫儿成为一个有智慧、能用智慧的人。

本期锦囊：

1. 入情入理，安抚情绪。了解学生的情绪，以朋友的身份帮忙，理解他们的感受，抱着接纳的态度，正确疏导，既不能强压，也不能放纵。

2. 表明立场，明辨是非。老师愿意帮助你，可以和你的家长谈谈，但你和妈妈还手是不对的，引导他去向妈妈道歉。

3. 换位思考，巧妙沟通。召开有关正确表达爱的主题班会，邀请家长参与，让孩子体会到父母的爱，也让家长学会正确表达爱，争取在爱的氛围中共同完成教育成长的重任。

爱心耐心责任心　中途接班有信心

——班主任班级管理分析（15）

凛冬寒意虽渐浓，讨论热情仍如火。12 月 23 日，毛毛虫工作坊《毛毛虫说·智享教育生活》栏目第 20 期活动，于晚上 8 点与工作坊的虫儿们准时在微信群里相约。

本期的题目内容如下：班主任李老师生病住院，因身体原因无法继续担任班主任。学校领导希望你"临危受命"，接替李老师，打好最后的升学"攻坚战"。经过调查发现，这个班的学生都喜欢李老师，也习惯他的带班风格。请问你会以什么理念和策略顺利接好这个班，不辱使命？

班主任难当，这是众多教育工作者的共识。而在班主任的教育生涯中，因为工作需要，中途接班，几乎是每一位班主任不可避免都会经历的。如何做好过渡时期的工作，在较短时间里融入新班，考验着教育者的智慧和管理能力。

李银娟老师率先发表了自己的见解：

一、利用心理学中"自己人"效应拉近与学生的距离。首先，带上为李老师精心准备的礼品到医院看望李老师，拜托李老师告知家长、学生，此时李老师最最信任的老师非我莫属，同时拜托李老师把我获得的教育上的奖项介绍给家长、学生。自己是李老师最亲密的朋友，学生会因为自己是李老师的人而拉近距离，会感觉这个陌生老师原来是自己人。同时了解李老师带班特色，接班后以原来的管理制度为主线进行管理，让班级平稳过渡。

二、运用"投其所好"沟通技巧达到教育目的。思考学生想的是什么。学生喜欢的是李老师，所以面对全班学生时表示，让李老师尽快康复过来上班是家长、学生共同的愿望，而促成这一愿望实现的就是让李老师拥有好的心情尽快康复，首先让李老师对我们班级学生放心是第一条。因为李老师爱你们、牵挂你们，所以你们每天记录自己进步的点滴，周五汇总一周以来的进步，然后以书信形式告知李老师和家长，让李老师放心，让家长对我们放心，这样我们就能够尽快见到李老师。学生由于关注点转到自己的进步上面，听课、作业都会保持原来的水平甚至更高水平，接班后不适应的负能量就会清除掉了。

三、见到学生之前记住每个学生的名字。先通过学校拿到这个班级的学生名单，按张、王、李、赵等姓氏把名单分类用思维导图整理出来，然后根据名字编辑情景故事，顺利在短时间内记住名字。名单背会后进入该班级家长群，向家长说明中途接班需要提前认识孩子，让学生把照片和名字发到微信群里，然后根据照片和你记住的名字对号，达到看到学生照片就能脱口说出学生名字，这样就能实现在第一次见到学生时就叫出他们的名字。记住学生名字是新任教师必修的重要功课，在这个过程中不仅能够让学生接受你，还能得到家长的认可，家长会认为你是一个有心人且出手不凡，因此而佩服你。

四、第一时间多认可家长和学生。渴望被人肯定和欣赏是每个人的本能，你肯定了别人也等于让别人肯定你，你喜欢多少学生、家长，就会有同样数量的学生、家长喜欢你，所以及时肯定每个学生和家长，对有问题的学生报以花苞心态去欣赏，相信每个学生花期不同，切不可急功近利。刚接班第一要务是处理好与家长、学生的关系，有了良好的关系一切都没有关系。所以接班第一学期心态更要平和，不可出现负面事件，因为"后妈"不好当，要处理好每一个细节。

李雪老师总结了自己两次中途接班的经历并提到了自己在工作中的做法：

一、及时和前任班主任沟通交流班级的情况和学生的情况。

二、和家委会成员建立良好的关系，及时了解家长们的想法。

三、多花时间陪伴孩子，做孩子的好朋友，获取孩子们的信任和认可。

四、召开家长会之前给所有家长写一封信，介绍自己的情况和带班风格。

五、认真上好每一节课，做好传道授业解惑的引路人。

都娟坊主为我们分享了三种理念和接班策略：

首先，树立三种理念。

一、中途接班不是什么难事儿，我一定会有办法，我相信自己的实力，也相信这是挑战更是机遇。

二、学校信任我，相信我能够临危受命，我必须不负重托、敢于承担、勇挑重担。

三、升学对学生来说是件大事，如果学生的思想、情绪在这个关口出现动荡颠簸，可能会影响他们一辈子，所以，我必须对学生的健康成长负责。

其次，思考接班策略。

一、与学生共情：李老师生病住院，是我们所有人都不希望看到的，我和大家一样很揪心，但既已成事实，就要勇敢面对。如果因为李老师不能陪在我们身边，我们就闹情绪或影响学业，我相信李老师也绝对不会答应，我会和大家一起关注李老师的康复情况。

二、向学生表达自己接班的信心和决心：请同学们给我一份尊重和信任，也请相信我的坦诚，如果我有哪些地方做得不够好，请同学们及时与我沟通，我会迅速调整。

三、了解李老师的带班风格和管理方法，继承和发扬李老师被学生认可的好经验、好做法，做好智慧引领和平稳过渡。

四、用自己的实际行动，给予学生真诚的指导和温暖的陪伴，让学生真真切切感受到我对他们的爱是毋庸置疑和毫无保留的。

杨济谦老师分享了自己的观点：特殊情况一定要有特殊的付出。

一、要理解学生，尊重学生，尽量减少给学生带来的负面影响。

二、一定要提高自己的业务水平，精心备课，用心和学生相处，用自己的知识打动学生，用自己的真心感动学生。

三、多创造机会和学生接触，多方面了解学生，增进和学生的感情，为班级管理扫清障碍。创造机会的方法很多，比如主题班会、故事会、演讲会等各种文体活动，让学生在轻松的状态中展示真实的自己，有助于自己了解学生真实的想法。

四、先争取班级内优秀学生、有号召力的学生的支持，以点带面，用学生之间的相互帮助为自己开展工作助力。

最后杨济谦老师还提到：班主任工作有时候也如人生之路，关键的就是那几步。做好班主任工作的关键点，也是我们班级管理智慧的体现。

讨论结束后，主持人在群里分享了《教育时报》刊登的二等奖获得者赵梦瑶老师的精彩发言。每一个真实的案例，背后都能看到自己的影子，也习得了更好的班级管理方法。这次案例分析，使每位虫儿们都有所思、有所得，是一次思想的碰撞，是心与心的交流，是快乐的分享。正所谓"他山之石，可以攻玉"，让我们在实践中探索、总结行之有效的方法，相信每位虫儿都能找到适合自己的教育之路。

本期锦囊：

1. 关爱理解学生。教师要与学生共情，要理解学生、尊重学生，用自己的实际行动，给予学生真诚的指导和温暖的陪伴。

2. 提高自身素养。"打铁还需自身硬"，精心备课，用心和学生相处，用自己的知识打动学生，用自己的真心感动学生。

3. 做好智慧引领。了解李老师的带班风格和管理方法，继承和发扬李老师被学生认可的好经验、好做法，完成平稳过渡，引导学生关注学习。

4. 搭建沟通桥梁。开展主题班会、故事会、演讲会等各种文体活动，多创造机会和学生接触，多方面了解学生，增进和学生的感情。

无心之举做错事　承担责任勇担当

——班主任班级管理分析（16）

时光荏苒，岁月如梭，新的一年即将来临。12 月 30 日，河南省都娟名师名班主任工作室——毛毛虫工作坊"毛毛虫说·智享教育生活"栏目第 16 期活动，于本周三晚上 8 点与工作坊的虫儿们准时在微信群里相约。

栏目主持人李璐老师带领大家继续关注河南省班主任工作的最高赛事——班主任基本功大赛，走进"班级管理案例答辩"环节。本期的题目内容如下：

班主任李老师的水杯在讲台桌上放着，下了课，小乐不小心把杯子打碎了。李老师当时很担心，立即进行了清扫，还叮嘱孩子说："下次一定要小心。"下午，小乐给老师买了一个新杯子，高兴地送给李老师。李老师当场感谢并拒绝了她，她垂头丧气地回到座位。随后，李老师及时和家长进行沟通，告诉家长杯子碎了并不怪孩子，不需要买新杯子。家长说孩子特别高兴能为老师挑选新杯子，她觉得自己打碎了杯子应该买一个新杯子，不论对方是自己的同学还是老师，希望老师接受孩子的心意，否则孩子会一直很愧疚。如果你是李老师，接下来你会怎么办？

刘瑞霞老师站在了学生的角度分析问题，在8点率先发表了自己的见解：我会接受这个杯子，这样处理首先教会孩子承担责任；其次，孩子看到老师用着自己的杯子会提醒自己以后做事要认真，同时也觉得温暖。买杯子的费用可以以另外奖励的方式不着痕迹地用在孩子身上，或者在孩子不知情的情况下与家长沟通，用别的形式归还。

高宁老师的分析十分周全，她很细心，考虑到了玻璃水杯对孩子造成的安全隐患。她是这样说的：我觉得当李老师在清扫破碎的水杯时，叮嘱小乐说"下次一定要小心"，这句话潜在的意思就是这件事情的过错完全在小乐身上。小乐也听出了老师话里的意思，所以当她买了一个新水杯，高兴地送给老师弥补自己的错误，但老师不接受的时候，她才会很愧疚。实际上水杯被碰倒摔碎，李老师也有一定的责任，如果李老师对小乐说的是自己也有责任，而不是只让小乐下次小心点的话，小乐应该不会那么愧疚的。我在班级里是不让孩子使用玻璃水杯的，就是因为它易碎、易伤人，在班级的公共区域里不宜使用。当然老师在班级也不应该使用玻璃水杯。水杯摔碎老师也有一半的责任，如果家长非要李老师接受孩子买的新水杯的话，李老师可以说明这个情况。

郑长青老师：这不仅仅是一不小心摔碎杯子，然后还个杯子的事情，在这个过程中，要让学生意识到责任和担当。教育孩子保护好自己的东西也是很有必要的，不把杯子、书本放在桌子上或过道上，用完的物品摆放整齐或者收起来。不给别人添麻烦，也不给自己找麻烦。

杨济谦老师：我们看到的不仅是一个杯子，也应该是一次重要的育人机会。当我们用成人的眼光看待这个杯子的时候，更应该站在孩子的角度教会她责任和担当。这个事情看似平常，其实具有普遍意义。在班级内，经常出现一个学生不小心把别人的杯子或者其他文具碰落到地上的事情，虽然是无心之举，但是毕竟物品有损坏。这个时候，是赔偿还是说一句对不起意义不同。如果物品受损坏的同学不让同学赔偿，心里也会有点不舒服；如果接受赔偿，好像又没有同学情谊。今天的讨论对这个问题也有启示意义。教育孩子做事小心，有失误敢于担当，现在看来尤其重要。

王静老师：李老师可以接受孩子的杯子，同时根据此次事件开展一次班会课，围绕此类行为开展正面讨论，培养孩子们的担当精神和积极应对问题的能力。生活中难免遇到一些问题，我们要学会反躬自省，积极面对，帮助孩子找到解决问题的方法，从而培养真正的人才，而不是温室里的花朵。

都娟坊主的观点：应该肯定小乐的做法是正确的，损坏他人的物品进行赔偿，这是规则。在孩子主动赔偿又有能力赔偿的情况下，一定引导孩子正确地做事。现在只是一个水杯，将来可能是他人更贵重的物品，规则一定要遵守，而这种规则意识必须从小培养。当然，老师也可以通过适当的物质奖励，在班会课上对小乐的做法进行表扬和奖励。我记得有一次听一个女老师做师德演讲，大致内容是：女老师端着一个热水杯走进教室，突然在教室门口被一个男孩儿撞了个满怀，在危险来临的那一刻，女老师下意识地把水杯朝向自己倾斜，结果自己的手被热水烫伤。乍一听，挺感人，再分析，还是老师没有提前预料到热水给孩子们带来的安全隐患。所以老师的心里应该时时处处装着孩子们，对孩子们的事儿尽心一点，考虑得更加细致和周全一点。

热烈讨论的时光总是短暂的，相信大家在快乐的时光中又成长了不少，我们期待老师们有更加精彩的表现。下周三不见不散！

本期锦囊：

1. 考虑细致是前提。老师的心里应该时时处处装着孩子们，对孩子们的事儿尽心一点，考虑得更加细致和周全一点，把安全隐患消灭在萌芽状态。

2. 规则意识早培养。每一件事情都是教育孩子的一个契机，一定要让孩子懂得，不管年龄大小，一定要遵守规则。

3. 承担责任勇担当。虽然是无心之举给别人带来了损失，自己也要勇敢承担责任。在孩子主动赔偿又有能力赔偿的情况下，一定引导孩子正确地做事。

4. 及时奖励助成长。孩子勇敢承认自己的过失，并主动弥补错误，老师一定要及时奖励。这样不但可以无形中把赔偿物品的钱补给孩子，还可以把孩子的行为内化为稳定的品质。

精准解决不合群　多元教育展自信

——班主任班级管理分析（17）

每周三晚上 8 点，有一群热爱教育、怀揣着教育梦想的追梦人，总会准时相聚在毛毛虫工作坊的微信群里，互相探讨交流，彼此鼓励学习。这就是不论酷暑寒冬、风里雨里都会与虫儿们准时相会的《毛毛虫说·智享教育生活》栏目。本周是本栏目第 17 期活动，主持人在群里准时发送要探讨的案例，老师们热情不减，积极展开了深入的讨论。

本周《毛毛虫说·智享教育生活》栏目继续带领大家通过分析思考发生在我们身边的案例，提升班主任的专业能力。本次我们关注的案例题目内容如下：

课间，同学们都到室外活动，小山却一个人坐在教室里发呆。他不愿意和同学们一起玩，对周围的环境没有兴趣，对周围的人和事也缺少关心。同学主动与他交往都得不到回应，渐渐地没有人和他一起玩了，大家都说他是个"不合群"的孩子。请问：你如何看待学生中出现的"不合群"现象？你准备怎样一步步改变小山，让他和同学们一起快乐成长？

18 点 52 分，韩景岫老师已经开始在群里发送自己的信息，他向我们列举了学生不合群的六个原因：一、父母过于严厉。二、父爱或者母爱缺失。三、性格过于内向，社会交往能力差。四、自卑，患有抑郁症或自闭症。五、受过较大挫折或伤害。六、家庭条件优越，喜欢显摆。他还提到，先了解孩子真实情况，属于哪一种，再冷静思考怎么处理更好，而不要把热情、激情、感情盲目释放，否则不是关爱，而是又一次伤害！

　　韩老师 8 点还有晚自习，他不想错过这次的探讨，只能提前发出了自己的分析，还不好意思地向大家道歉，让老师们原谅自己的不守时。都娟坊主第一时间为韩老师点赞，都坊主说成长是一种内在需求，更是一种内在的唤醒与自觉。在毛毛虫这个团队，没有思想的禁锢和行为的约束，大家可以百家争鸣，畅所欲言。

　　李银娟老师分析小山应该是一个缺爱的孩子，当他受到伤害时会对周围产生防御心理或者敌意，不信任周围的人，所以她准备从父母、学校老师、学生三方面入手，填满小山的爱箱。

　　唐海涛和高巧竹老师紧密结合自己的体育学科，告诉大家可以通过体育运动的方式锻炼小山的胆量，这种胆量正是人际交往所必备的一种素质。李璐老师提出了开一次有兴趣的班会，让大家猜一猜自己最喜欢的同学，让一些学生说出小山的优点，让小山感受到大家对他的关心喜爱，从而打开心结。付晶老师说：找到病症所在，才能对症下药。高巧竹老师说：从家庭聚会入手，可以让小山的父母邀请同学们去自己家过生日，让小山亲自接待朋友，无形中会增强孩子的交友兴趣。巴世阳老师也分享了自己的故事：班里恰巧有一个不合群的孩子，家长向自己求助，巴老师给她回了一封长信，字里行间饱含柔情，娓娓道来，给出了可行的方法，化解了家长的焦虑。

王栋利老师说：应该在班内举行不同形式的活动，让不同性格、不同特长的孩子都有参与的机会。还可以从不同角度选举班级之星，告诉孩子们，每个人都是独特的个体，在你擅长的领域，你就是最闪亮的星。多一种活动的形式，就多一批乐于参与的孩子。多一把尺子衡量学生，就多出现一批优秀的孩子。多元而开放的学习方式、评价方式，会让教育生态更美好，让自信的笑容在孩子脸上绽放。

我们的都娟坊主不放过任何一次学习的机会，每次探讨她都会参与进来，给大家一些专业的建议。她告诉大家：教师的智慧力和思考力不是参与一次活动就能够培养出来的，需要我们静下心来，俯下身来，进行长期的锻炼和反复的尝试。真心希望虫儿们都能够不断努力，终身学习，让自己拥有更多的教育热情、智慧和能力，让孩子们因为遇到专业的我们而成为世界上最幸福、最幸运的人。

一段段经典的话，引得老师们纷纷点赞。后来我们得知，加班后还在回家路上的都坊主，一路上被老师们的热情与激情感染，忍不住路边停车，参与进来……

栏目结束后，韩老师用一首藏头诗写出心之感悟：

虫蛹化蝶过程艰，

虫儿群群已眼前。

你是雨露百花开，

好学不倦赛神仙！

　　老师们的发言，让我们看到了师者仁心。我们不仅在传道、授业、解惑，我们还是这些鲜活生命的保护伞，想让他们健康快乐地学习成长，需要我们付出很多。每一位老师都如此不易，我们有自己的孩子要教育，别人的孩子更要用心、用爱、用智慧去教育。今天的讨论，让我们感觉到虫儿们正在走向更为专业的教育之路，我们是真正在关注孩子的成长。感谢都坊主和老师们深刻的思考和无私的分享，让我们在成长的路上快乐地前行，让我们体会到作为毛毛虫独有的幸福。

本期锦囊：

　　1. 了解情况，对症下药。先了解孩子不合群的原因，再冷静思考怎么处理更好，而不要把热情、激情、感情盲目释放，否则不是关爱，而是又一次伤害！

　　2. 贴心鼓励，爱的供养。不合群的孩子，其实内心也很渴望融入集体的快乐生活中，但是心中又非常惧怕。老师要给孩子充足的爱，并建立一个充满爱的班集体。

　　3. 多种活动，参与为王。在班内举行不同形式的活动，让不同性格、不同特长的孩子都有参与的机会。参与的机会多了，自信心培养出来了，自己会有好转。

4. 发现优点，你最闪亮。从不同角度选举班级之星，每个人都是独特的个体，在你擅长的领域，你就是最闪亮的星。多一把尺子衡量学生，就多出现一批优秀的孩子。

美丽的误会　特别的关注

——班主任班级管理分析（18）

智慧交流，思维碰撞。1月13日晚上8点，河南省都娟名师名班主任工作室——毛毛虫工作坊《毛毛虫说·智享教育生活》栏目第18期活动与虫儿们准时相约。

本周《毛毛虫说·智享教育生活》栏目继续带领大家通过分析思考发生在我们身边的案例，提升教师专业能力。本次我们关注的案例题目内容如下：

一次公开课过后，我把课堂上用过的精美卡片作为奖励发给同学们，然后对他们课堂上踊跃的表现给予表扬。从这以后，我渐渐发现注意力不集中的宋振铭同学在课堂上的听课状态有了明显的好转。一个偶然的机会，他母亲说："自从你给了他那个特殊的奖励后，他对自己的要求严格了。"询问过后，我才知道，我奖励给同学们的卡片中有一张是最大的，在我按顺序发的时候，恰好这张被宋振铭得到了。他回家后对母亲说："老师可能觉得我这节课表现最好，所以把最大的一张送给了我。"现在这张卡片贴在他的床头，谁都不准碰。他说那是"特殊的礼物"。这位老师无意中的一个举动，却造成了一个"美丽的误会"。

问题：请你就此案例谈谈你的看法。

李银娟老师率先发言：渴望被尊重、关注是孩子们的天性，孩子们在被肯定后产生学习动力，对于这次"美丽的误会"，期待老师们这样做。一、把"美丽的误会"做成事实，单独给予学生肯定和鼓励，持久的关注、鼓励会让这位学生把努力当成习惯，对该生一生都会有影响。二、努力关注到每个学生，教育关注什么就有什么，这个老师无意中的特殊奖励，让学生感受到老师关注了他的努力，所以就有了学生后来的努力。其实每个学生都需要如此关注，每个学生都有我在老师心目中是独一无二的期待，所以当学生表现不好时老师要从自己身上寻找原因：我对他关注怎样？然后问题就容易解决了。我们要努力把阳光洒向每朵花，我们不经意间的特殊关注就会迎来教育的转机。

晁利攀老师谈到以下几点：一、善于表扬和鼓励学生，教育需要恩威并施、奖惩结合，应多奖赏少惩罚。二、找准恰当的时机，采用多样化、个性化的奖励手段，激发学生的好奇心和兴趣，真正帮助学生端正学习态度、树立正确的价值观。三、教师需要具备教育机智，随时洞察孩子的闪光点，并给予及时、恰当的表扬。四、多运用表扬鼓励的手段，对教育有很大的促进作用，帮助学生找到自信，提高学习的兴趣。

随着讨论的不断深入，大家智慧的火花在碰撞。

宋晓会老师说了自己的见解：学生学习兴趣的产生必须以一定的认知条件为基础，但如果有一定的情感激发做条件，那么学生学习兴趣的出现就会变得相对容易些。很多时候，只有认知基础，而没有情感的投入，学生与老师是无缘的。

武文凤老师：在童年时期，因为对自身和外界的认识、理解都非常有限，所以我们不知道怎么去评价自己，只能求助于父母或者老师。如果他们肯定了我们，我们就能肯定自己，逐渐生长出自信；如果否定了我们，我们就会从头再来，改造自己；如果一直没有得到肯定，我们就会开始怀疑自己。

赵军飞老师：期望效应在学生中还是普遍存在的，给孩子什么样的期待，孩子往往会向那个方向发展。正向的鼓励会使孩子努力前进，负向的嘲讽真的可能会使孩子破罐破摔，所以平时对孩子的向上期望还是非常有必要的。

冯会然老师：每个孩子身体内都有一个小机关，我们无意间的一句善意或者鼓励的话语都有可能是打开机关的钥匙。所以我们每位老师都要有一双慧眼，尽可能发现孩子需要什么，给他所需，激发其成长。

王栋利老师则关注到了奖品的"独特性"，她说：那个奖品激励了宋振铭同学的成长，是因为他认为那个奖品最大，很独特。每个孩子都渴望自己被特殊优待，这样的"独特性"是激励他们最关键的点。所以老师要看到每个学生不一样的地方，给他不一样的奖品或奖励方式，这样效果会更好。

刘丽锋老师以发展的眼光谈道：作为老师，我们在鼓励孩子的同时，也要教给孩子学会自我认知，让孩子拥有正确认识自我的能力。毕竟成长的路上，没有人能一直引领与关注他的人生。只有正确认识自我，才能宠辱不惊，走得更远……

最后，李璐老师感慨道：做老师，让我们编织起更多的梦想，给孩子们编织更多的梦，有梦的日子真好！让我们带着更多的小心思、小心意，眷顾一下不同的孩子，给他们一次"美丽的误会"，让孩子自我肯定，孩子的自信会让他们慢慢进步，从而不断成长。

美好的分享时光总是短暂的，每周三一个小时的思考时间，让我们在教育道路上遇到更好的自己。感谢虫儿们的积极参与，下期活动，我们不见不散！

本期锦囊：

1. 渴望被尊重、关注是孩子们的天性。孩子们在被肯定后产生学习动力。我们要努力把阳光洒向每朵花，也许老师不经意间的特殊关注就会迎来教育的转机。

2. 正向鼓励助正确认知。在童年时期，因为对自身和外界的认识、理解都非常有限，所以我们不知道怎么去评价自己，只能求助于父母或者老师。正向的鼓励会使孩子努力前进，负向的嘲讽真的可能会使孩子破罐破摔。

3. 独特鼓励是独特的爱。每个孩子都渴望自己被特殊优待，这样的"独特性"是激励他们最关键的点。所以老师要看到每个学生不一样的地方，给他不一样的奖品或奖励方式，这样效果会更好。

4. 独具慧眼开成长机关。每个孩子身体内都有一个小机关，我们无意间的一句善意或者鼓励的话语都有可能是打开机关的钥匙。所以我们每位老师都要有一双慧眼，尽可能发现孩子需要什么，给他所需，激发其成长。

理性守望孩子成长　拒绝以爱"越俎代庖"

——班主任班级管理分析（19）

零下的温度，冷却不了那颗颗火热的教育心。1月20日晚上8点，河南省都娟名师名班主任工作室——毛毛虫工作坊《毛毛虫说·智享教育生活》栏目第19期活动与虫儿们准时相约。

本周《毛毛虫说·智享教育生活》栏目继续带领大家通过分析思考发生在我们身边的案例，提升班主任的专业能力。本次我们关注的案例题目内容如下：

班里的小平家境殷实，父母做生意，平时无暇顾及小平的学习。对于孩子的学习问题，老师和其父母沟通时，他们总会说："我们家什么都不缺，他这辈子什么都不愁。我们对孩子学习没啥要求，只要他平平安安高高兴兴就行，上学就是为了学学字，享受一下学生的生活，学习好坏无所谓。"小平在学习上也表现出无所谓的态度，成绩忽上忽下。

问题：如果你是小平的班主任，你会如何和家长沟通？

朱晓运老师首先发表了自己的看法，她认为：家长的这种做法，看似是对孩子的爱，实际上是对孩子的不负责任。现在我们处在一个优胜劣汰的时代，孩子如果没有通过学习获得一技之长，只是一味地索取，肯定会对他的未来造成难以弥补的影响。所以作为老师与家长，应该培养小平先形成正确的学习观。

卢娜老师这样说道：授之以鱼，不如授之以渔。现在越是富裕的家庭越重视孩子的教育，重视孩子的学习。给他们提供更多更优质的学习资源，开阔他们的视野，全方位拓展他们的能力，让孩子有见识、有学问、有教养、有能力。这样才能培养出合格的接班人，为社会多做贡献！真正的富有，是精神上的富有；真正的贵族，是思想上的贵族。要引导小平的家长尽早认识到学习的重要性，帮助小平端正学习态度。卢娜老师见解深刻，让人警醒。

随着讨论的不断深入，大家的思维越发活跃起来。

李桂青老师：家庭教育往往存在"两极分化"，小平的父母属于爱得失去了理智的父母，这份爱会使孩子从小不能学着用自己的力量克服困难，自己的事情自己不做。理想的家庭教育应该"爱有方，严有度"，小平父母本应该利用自己家庭经济的优势给孩子创造更好的教育环境，而不是一味地放纵。

孙素伦老师：作为父母要不断转换观念，从关注物质到关注心理。与这位家长沟通时，可以告诉他们，迷恋游戏和网络的孩子，往往都不是缺少物质的孩子，出现抑郁等心理问题的孩子也不一定是缺少物质。但不去追求精神财富的孩子，成长路上会遇到更多的障碍，父母不能在孩子学习知识的过程中成为孩子上进的绊脚石，应该相信孩子有足够的能力在学习上享受收获的乐趣和喜悦。

晁利攀老师：首先要耐心教育家长，溺爱不是真正的爱，"父母之爱子，则为之计深远"。其次，爱孩子就应该给孩子有意义、有价值的人生。同时，教育孩子是一项巨大的工程，是父母一生的作品，父母需要用心雕琢。

宋雪洁老师：首先，要理解家长的想法，与家长沟通就如同做心理咨询一般，要先给予充分的信任，创设允许他人交流的氛围。其次，老师要主动与家长联系，定期反馈孩子在校的情况，多报喜，少报忧，激发家长对孩子的关注和期望。再者，在得到家长的认可与理解后，要多与家长沟通教育和人生的真正意义，利用微信分享一些有价值的视频资源，从而树立正确的育人观念。

王玲老师：与家长共情很重要，不要一味地否定指责家长教育的问题，我们需要帮助家长认识到正确的人生观、价值观的重要性和学习的真正意义，同时做好孩子的价值观引导工作。我们要通过教育的主阵地，让孩子认识正确的价值观，以及不正确观念、行为带来的危害。

都娟坊主从三个方面娓娓道来：第一，讲明道理。通过努力奋斗、勤奋学习，实现自身综合素养的提升，这个付出和成长的过程，是值得我们所有人去拥有和体验的。幸福不是用财富来衡量的，幸福的滋味，只有拼搏过并获得由劳动带来的愉悦和满足的人，才能真正体味。世上没有卑微的工作，只有卑微的工作态度，而工作态度的选择，完全取决于自己。第二，列举事例。反面事例告诉大家，坐享其成、不劳而获不但能消磨人的意志品质，形成不正确的价值观和生活态度，更给家庭教育和家长管理带来了灾难。第三，创设情境。父母的观念会直接影响孩子，除了做好小平家长的思想工作，同时也要对小平本人进行唤醒和改变。

最后，都娟坊主还深情地感慨道：我强烈地感受到身边有越来越多优秀而智慧的虫儿出现……感动、惊喜、温暖、感谢！李璐老师也表示：我们在工作坊一次次的历练中，也变得更加自信，更加有方法。感恩，感谢！

美好的时光充实而短暂，一个小时的思考交流，虫儿们思维活跃，收获满满。每周一次的线上讨论，已经成为虫儿们获取教育食粮的重要途径。感谢虫儿们的积极参与，下期活动，我们不见不散！

本期锦囊：

1. 帮助孩子树立正确的人生观。良好的世界观、人生观、价值观的树立对孩子一生来说都至关重要，这是他们看世界的基础，也是他们未来发展的基石。

2. 真正的富有是精神的富有。努力让孩子有见识、有学问、有教养、有能力，成为有担当的社会主义建设者和接班人，为社会多做贡献。这样才能让孩子成为真正富有的人。

3. 父母应给孩子"理智的爱"。溺爱不是真正的爱，"父母之爱子，则为之计深远"。理想的家庭教育应该"爱有方，严有度"，父母应相信孩子有足够的能力在学习上享受收获的乐趣。

4. 在理解的基础上做好沟通。老师要主动与家长联系，与家长共情很重要，不要一味地否定指责家长教育的问题，我们需要帮助家长认识到正确的人生观、价值观的重要性和学习的真正意义，同时做好孩子的价值引导工作。

5. 教孩子拼搏努力获得幸福。通过努力奋斗、勤奋学习，实现自身综合素养的提升，这个付出和成长的过程，是值得我们所有人去拥有和体验的。幸福不是用财富来衡量的，幸福的滋味，只有拼搏过并获得由劳动带来的愉悦和满足的人，才能真正体味。

辞旧岁走出"躺平期"　贺新春迎来"成长季"

——班主任班级管理分析（20）

辞旧迎新，金牛贺岁，2021 年 2 月 17 日晚 8 点，河南省都娟名师名班主任工作室——毛毛虫工作坊《毛毛虫说·智享教育生活》栏目迎来了新年第一期活动。

本期题目将围绕"假期"进行探讨。作为过来人，我们每个人都有这样的经历：放假前十分想念家人，恨不得马上飞回家里。放假前几天，母慈子孝，一片祥和，而多躺几天，就能鸡飞狗跳，不得安宁。寒假已过一多半，不知道您是不是也进入"躺平期"了？如何制造生活的新鲜感，走出假期"舒适区"，如何让自己的假期更有意义，您有什么好的做法或者经验要和大家分享吗？

李银娟老师首先发表了自己的观点：一、不以自己的标准去评判孩子。二、建立和谐的夫妻关系。三、从细节入手调节家庭气氛。四、放下手机，多与家人聊天。五、自己动手做出美餐让父母满意。

尚宁老师分享了假期里和孩子一起参加的"迎新春、写福字"活动。活动现场，孩子们跟随书法老师挥毫泼墨。"这是一笔'福'字，一笔下来，一气呵成。代表着'幸福''福气'，寄托了人们对美好生活的向往，也是对美好未来的祝愿，同时洋溢着过年的喜庆气氛。"

都坊主对剩余的假期进行合理的计划：

一、好好锻炼。每天坚持早、晚各半个小时的锻炼，和着音乐，激情运动。让自己精神振奋，身心健康，阳光向上，美好生活。

二、好好吃饭。用心做好一天三顿暖心饭，和家人一起和和美美、团团圆圆吃好一日三餐，让生活营养均衡。

三、好好读书。坚持每天读书一个小时，学习充电不间断。读经典美文，听樊登讲书，学学习强国，写生活微语。丰富文化，开阔眼界，厚重底蕴，沉淀思想。

四、好好思考。用大块的时间思考学校未来的发展方向——生态、智慧、创新、多元、开放。查阅资料，搜集信息，交流谈论。拓宽视野，理清思路，静心思考，统筹规划，完善方案。让我们的师生读懂生活，热爱生活，创造更美好的生活。

五、好好练琴。生活到处充满了艺术的美感。学会一样乐器，不为表演，只为崇尚音乐，保持乐感，放松心情，调整心态。

六、好好睡觉。放松身心，规律作息，睡个美容觉，求个自然醒。不暴食，不熬夜，充分休息，养足精神。保持体力，增强抵抗力，让生活充满青春与活力。

七、好好陪伴。多陪陪孩子。对待青春期的孩子，他不求助，自己就不施助。静静地陪在他的身边，看自己的书，做自己的事。闲暇时间，陪孩子聊生活，聊人生。

八、好好坚持。计划已定，雷打不动，让自己的生活有规律、有节奏、有品位、有意义、有色彩、有情调、有成长、有进步。

李璐老师结合自身体会谈到学生时期的假期生活：我们对放假都不陌生，寒假还好，忙着走亲串友，基本上也没有太多闲暇时光，而暑假确实是考验大家的一个时期。如何安排假期，制造生活的新鲜感，是我们需要思考的。做学生时，小学和初中、高中的假期，应当是把作业有计划地安排。在写完作业后，合理安排自己的生活，出去和朋友相聚，或者锻炼身体，办个健身卡。在家时一定要勤快一些，多做一些家务就避免了和家长的冲突。我上大学时，暑假回来都会勤工俭学，因为有亲戚开蛋糕店，每次我都在蛋糕店工作，也体验到了很多社会中的人情世故，知道了做什么工作都不容易，更加坚定了我要好好上学的信念。

同时李璐老师也给大家算了一笔"时间账"：产假如果为5 个半月，孩子从出生到 5 个半月，父母可陪伴时间为 165 天。父母上班后到孩子 3 岁时可陪伴时间是每周周末，大约 60 天左右。3 岁上幼儿园，从 3 岁到 6 岁，365 天 × 3 年 = 1095 天，这期间父母上班，算上周末和节假日，实际上和孩子在一起的时间能占三分之二就不错了，则为 1095 × 2/3 = 730 天。所以从出生到 6 岁上学前可陪伴时间为 165 + 60 + 730 = 955 天左右。6 岁孩子开始步入学校教育阶段,加上平时周末还要学习特长,直到 18 岁上大学前,真正和父母在一起的时间大约是 12 年 × 365 天 = 4380 天,实际上也只占三分之二就很不错了。因为白天父母上班,孩子上学,只有晚上回家才能见面,所以大约也就是 2920 天。18 岁孩子上大学直到 30 岁硕士或者博士毕业结婚前,只有寒暑假有可能会在一起,除去孩子打工,或者有的父母还要上班,孩子即使回家也可能是一个人,那么每年在一起的时间大约是 3 个月,这已经是很好的了。如果孩子出国,可能要一两年才能见上一面,就取个平均值吧,3 个月 × 30 天 × 12 个月 = 1080 天。那么从出生到 30 岁结婚前,孩子和父母在一起的时间大约是:955 + 2920 + 1080 = 4955 天。孩子结婚以后和父母在一起的时间不用算大家也知道是少之又少。孩子 30 岁的时候我们多大年龄了呢?至少也快 60 岁了吧。那么剩下的大家可以自己算算,即使是和父母天天住在一起的孩子,父母与之相处的时间能不能超过 6000 天?

高巧竹老师也说出了此时的心情:感觉假期比上班还忙,照顾老人、辅导孩子、走访亲戚、拜访朋友、看会儿书、写点东西。与同人聊工作、与家人话家常、看会儿电视、刷会儿手机、做饭不按时、休息没早晚,比起上班感觉生活不规律了。这应该就是大家说的"躺平期"吧。从今天已经开始尝试着摆脱它了,走入正常,规律生活,健康运动,调整自我。

杨济谦老师:避免躺平期,真的需要我们认真面对。当我看电视、刷手机、闲聊度过一天的时候,我也会感到很累,这种累是那种没意思的累。当我利用假期看书、练字，包括收拾房间、做饭，虽然一天下来很累，但是心里感觉很充实。所以，放松不能放纵。

避免躺平期，也避免了倒退。每一次放纵，都需要一个重新开始来矫正。避免躺平期，也锻炼了自己的自律。特别享受自我约束的自觉，早上，在阳台上读读书，晚上，在电脑前打打字，感觉有点与众不同。在没有压力的读书中，好像能感受到自己的成长与收获。

晁利攀老师发表了自己的见解：

一、首先正确看待这个问题。刚到家比较新鲜，父母思念孩子，孩子也想念家乡的一草一木、每一顿饭菜，所以一家人关系比较亲密，比较和谐。但时间稍长，就会出现一家人在一起生活的各种小摩擦，难免有矛盾。比如生活习惯不同，为人处世的价值观不同等。我们需尽量保持与家人的和谐关系，学会换位思考，学会互相体谅，学会慢慢懂得亲情的可贵与重要。

二、与父母多交流，尽量淡化两代人之间的代沟。一年到头在家的时间不长，多为父母着想，多陪他们聊聊天、谈谈心，说说你的工作和在外的生活情况，同时也认真倾听父母的日常琐碎。

三、陪父母走走转转。可以逛街购物，或者找就近的地方游玩观赏，陪父母一起消遣短暂相聚的时光，愉悦彼此的身心。

四、告诉父母自己的生活习惯，争取得到父母的理解。父毌并非铁石心肠，当然自己也要下定决心改掉坏习惯，培养有益于身心健康的好习惯。

杜玉坤老师想起了《士兵突击》里的许三多，也想到他的那句话：好好活，就是做很多很多有意义的事。初次分到红三连二排五班，看守输油管道，枯燥的任务、枯燥的环境，是大家共同的感受，但许三多出操、训练、铺路、栽花，愣是做出了许多有纪念意义的事。笨拙的人坚持不抛弃、不放弃，一次次玩命坚持，一步步完成突击。每一件坚持的事都成为成就自己的救命稻草。所以，内心有想要坚持的事，生活便有趣、有意、有感动！教育的世界里有更多有意义的事，写动人的文字、做漂亮的微课、开有趣的直播，或者练字、朗诵、创意制作……坚持做，都会让我们成就自己的教育突破。

美好的分享时光总是短暂的，讨论虽然结束了，虫儿们智慧的光芒依旧闪烁着，它将会给有疑惑的虫儿们指明方向。

一学期，我们可能做了很多的事情，一定要用假期里的时间好好梳理，把散落的珍珠串成一条美丽的项链，送给自己，作为一学期里努力的最好见证。让总结成为一种习惯，也让总结给新学期助力。

让我们记住都坊主的八个"好好"，一起行动起来，送走拖延，送走懒惰，送走烦恼，送走焦虑，送走"躺平期"……元气满满开始新的一年。迎来勇气，迎来健康，迎来好运，迎来快乐，迎来"激情档"！

本期锦囊：

1. 规划让假期更加充实。好好锻炼，好好吃饭，读书、思考、陪伴、坚持，全面而科学的规划让假期生活更有节奏、更加充实，同时也很好地避免了"躺平期"。

2. 活动让假期更有氛围。迎新春、写福字，挥毫泼墨间勾勒出人们对美好未来的愿景，洋溢着过年的喜庆气氛。走亲访友、浇花做饭、写字读书、静坐思考，我们享受着当下的时光，期待着未来的美好。

3. 陪伴让假期更有温情。一组关于陪伴的数字让我们惊讶，这短暂的陪伴请与父母、孩子多交流，陪他们聊聊天、谈谈心，认真倾听平时被我们忽略的日常琐碎。

4. 探索让假期更有意义。"好好活，就是做很多很多有意义的事。"内心有想要坚持的事，生活便有趣、有意、有感动。坚持做有意义的事，成就自己的教育突破。

春季开学要收心　各路大咖有妙招

——班主任班级管理分析（21）

寒假结束，新学期即将到来。淅淅沥沥的春雨滋润了干涸的大地，也滋润着每个人的心田。河南省都娟名师名班主任工作室——毛毛虫工作坊《毛毛虫说·智享教育生活》栏目，于周三晚上 8 点与工作坊的虫儿们准时相约，共同探讨新学期开学重要的"收心"工作怎么做。

栏目主持人李璐老师在微信群发出了栏目开始的提醒。

李璐老师指出：虽然马上开学，但仍有部分学生沉迷于吃喝玩乐的假期中不能自拔。还有部分学生面对即将到来的学习生活，情绪低落，迷茫无奈。甚至部分学生产生了逆反心理，出现了顶撞家长的情况。面对种种现象，我们该如何做好春季学期开学前重要的"收心"工作呢？

晁利攀老师：首先，在开学前一周要及时下发通知，提醒全体同学调整生物钟，准备好各科作业，整理好发型和着装，端正态度。提前让孩子们做好充足的心理准备，他们心中的惶恐自然消退了几分。接着，鼓励每个同学回忆一下假期最有意义、最自豪的事情。可以是为家人做了一顿美食，可以是比以前的假期更有韧劲定力了，也可以是自己的钢琴又考到了几级，跆拳道又进了一个段位……让他们把这些美好又自豪的回忆记录下来，带到学校里和大家一起分享，让学生对开学有所期待。晁老师提到，他们班的学生张驰的跆拳道已经考到了红黑带一级，思羽的拉丁舞参加了大型节目，她心里特别为孩子们感到骄傲！晁老师的想法真的很新颖，面对即将到来的开学，让孩子带着自豪感、存在感到校，同时也向每个同学传达一个信念：每个人都各有所长，人人都在这个假期有所收获。可新学期，能否续写你的精彩，接下来就看每个人的奋斗了！

冯会然老师有自己独特的想法，她的小妙招的确让大家眼前一亮，那就是鼓励孩子们主动与老师、同学联系。约同学一起去图书馆、书店，感受浓浓书香，分享交流自己假期的读书感悟，并为新学期购买一些文具、书籍，最是书香能致远。并且，她建议同学们给自己增加一点开学的仪式感，如写一篇寒假结束的日记、亲自为父母做一道美食、给自己买一本喜欢的书、买一支新的笔等等。带着这种仪式感开学，还有什么恐惧呢？

高巧竹老师的角度很贴近学生生活，她从校园安全方面谈起，强调开学后安全的重要性：孩子们开学后要注意用电安全、劳动时的安全、饮食安全，强调同学们要养成良好的行为习惯，增强安全意识。并强调凡事安全第一，加强安全教育。高老师更加关注到了孩子们的心理安全，提醒道：同学之间要互相体谅和互相理解，多看看别人的长处，尊重同学的不同个性，同时自己也要以平和的心态来处理自己面对的困难。

李银娟老师也给出了非常合理的可操作性很强的建议：一、开学前用校讯通或企业微信给家长发信息，让家长把孩子的寒假状态、需要老师帮助的地方给老师简单反馈一下。二、开学后先和孩子聊聊寒假印象深刻的趣事，让学生从假期激情的日子回过神来，给学生积极的心理暗示，给每个学生以肯定。三、将寒假优秀作业进行展评。每个小组评出优秀作业，组织学生分批参观，树立新学期的榜样。四、让学生定新学期目标。提醒孩子们目标一定要具体化，让需要关注的个别学生公开说出目标，这样有舆论约束力。五、给学生积极的心理暗示。运用归零效应，告诉学生过去不管怎样，新的学期只要努力就会有新的变化。六、做好个别学生的谈话工作。面对问题严重的个别学生，根据具体情况提前制定谈话内容，但是一定要把正能量传递给学生。李老师还运用了一个有趣的比喻："无论什么情况的奔驰车，我们老师都要当加油站，把油加入每辆车里。"

王金花老师表示，一般开学第一天她都会给孩子畅所欲言的时间。她认为这个问题就像大禹治水一样，不能堵，要疏通，等他们一吐为快了，再开始教学工作。刘利花老师也表达了相同的看法。

毛瑞芝老师：开学第一堂课，一般不急于上新课，会先给学生讲一讲本学期的教学任务、教学时间和学习要求。总结上学期的学习情况和存在的问题，对新的学期提出新的要求。学生在了解了本学期的学习任务和教学时间后，就会有适度的紧张感，有利于调动学习积极性。

闫雪玉老师提到了作业问题。她说一定要将学生的作业一一批阅，做到有布置、有检查、有批改、有讲评、有总结。否则，一些学生将养成应付假期作业的习惯。

申少静老师：开学的第一课，体育会选择上室内课，让同学们都来聊聊寒假进行了哪些体育锻炼，锻炼中遇到了什么有趣的事，然后再总结上学期的表现，以及对这学期体育课的要求，目的是让孩子们有安全意识和纪律意识。接下来再上课会主抓课堂常规，也会在课堂中融入体育游戏，让孩子们觉得回归课堂后并不是那么枯燥乏味，我觉得这样更有利于孩子们投入课堂、投入学习。

李璐老师关注到了留守儿童：我们还要考虑到，班级里有一些学生是留守儿童，所以开学对于他们而言，不仅仅是要面对老师同学和学业，他们还要面对与亲人的别离。对于这些学生，"个别谈心"这个方法是很重要的。这样的孩子，更需要我们多加关注。

韩园阳老师认为，作为老师首先自己要精神抖擞，给同学们做榜样。教师自身要"收心"，率先从假期状态中调整过来，这样才能带领孩子们告别"开学综合征"，在新学期有一个良好的开端。然后引导孩子把浮躁的心收回来，可以在"静"字上下功夫。比如每天让孩子看书一小时，课外、课内都可以，关键是静静心。或者让孩子玩些需要静下心思考的游戏，也是很好的收心法。总之，让孩子收心、静心是关键，性子沉下来了才会把心思放到学习上。

赵建党老师的"收心"工作独树一帜。他从假期一开始就筹划了，以特色作业框架，用习惯为线，以成长为目的，为下学期开展教学工作打下坚实的基础。真是有智慧且有远见的老师啊！

时间在激烈的讨论中飞一般流逝，讨论接近了尾声，每次的探讨总会点亮我们的灵感，让我们习得很多经验。新学期即将拉开帷幕，感谢老师们为我们带来了这么多的开学宝典，希望我们都可以用智慧面对新学期工作，带领学生们在新的学期取得新的成绩！

本期锦囊：

1. 带着荣誉传达信念。面对即将到来的开学，让孩子带着自豪感、存在感到校，同时也向每个同学传达一个信念：每个人都各有所长，人人都在这个假期有所收获。可新学期，能否续写你的精彩，接下来就看每个人的奋斗了。

2. 关注孩子心理安全。同学相处的过程中要互相体谅和互相理解，多看看别人的长处，尊重同学的不同个性；同时自己也要以平和的心态来处理自己面对的困难。

3. 展评优秀寒假作业。每个小组评出优秀作业，组织学生分批参观，树立新学期的榜样。

4. 教师要收心在先。作为老师首先自己要精神抖擞，给同学们做榜样。教师自身要"收心"，率先从假期状态中调整过来，这样才能带领孩子们告别"开学综合征"，在新学期有一个良好的开端。

5. 做好长远规划。以特色作业框架，用习惯为线，以成长为目的，为下学期开展教学工作打下坚实的基础。

家有俩宝心欢喜　齐头并进是难题

——班主任班级管理分析（22）

春风送暖花争艳，万象更新梦起航。2021 年 3 月 3 日晚 8 点，河南省都娟名师名班主任工作室——毛毛虫工作坊《毛毛虫说·智享教育生活》栏目迎来了新学期的第一期活动。

本周《毛毛虫说·智享教育生活》栏目关注了李老师在毛毛虫工作坊中向大家请教的问题，内容如下：

她们班里一位学生家长反映：孩子在家不愿意学习，学习还要讲条件。孩子的弟弟一年级时成绩优异，家长就觉得老大应该向弟弟学习。结果，他竟把弟弟的学习成绩也拉下来了。他弟弟上学期考 90 多分，现在有一个月没有学习了。寒假期间他带着弟弟玩，导致弟弟也没完成作业。家长现在很焦虑，不知道应该怎么办。

今天讨论的问题就是：家长和老师如何做才能激发哥哥的学习动力，让两个孩子齐头并进呢？

杨济谦老师率先发表了自己的看法：看到这个案例，我想到了两个问题，一个是孩子的学习动力问题，一个是一个家庭两个孩子的教育问题。我注意到哥哥在学习上缺乏动力，他自己不喜欢学习，而且在学习上讲条件，这一点也是他学习成绩不佳的一个重要原因。针对这个问题，我认为首先应该观察、询问他不喜欢学习的原因，然后采取针对性的措施。具体可以从爱好兴趣、学习困难、家庭、学校等方面，找出他身上存在的问题。以帮助为主，坚持陪伴、鼓励，帮助他走上喜欢学习的道路。在对他的管理上，我们要注意"延迟获得"，只有通过他的努力才可以获得自己想要的东西，树立他学习的长远目标，不是"短期获得"。

李雪老师从六个方面娓娓道来：一、父母首先要端正态度，和孩子谈心，让孩子明白现阶段学习是必须要做的事情，不能任由孩子想怎样就怎样。二、两个孩子在学习的时候要有独立的空间，不能让哥哥的不良情绪影响到弟弟。三、家长可以给弟弟学习上的物质奖励，让弟弟明白想要获得必须要先付出，然后进一步潜移默化地让弟弟去影响哥哥。四、必要时让老大去体验一下生活，可以带孩子去看下父母的工作环境，或者让孩子看到家长生活的不易，或者让孩子分担一些家务劳动，让孩子明白生活是不容易的，想要改变生活，必须要靠自己的努力，而学习是一条能够改变自己现状的路。五、延迟满足孩子的需求。不要什么事情都是孩子说什么就是什么，家长可以是孩子的朋友，但家长在有些问题上一定要坚持自己的原则。六、跟孩子约定好学习准则，然后一定要温柔而坚定地实施，不可心软，不可半途而废。

杨济谦老师和李雪老师都提到了"延迟"这个词，看来，有时教育是不能追求立竿见影的，有时孩子们的要求也的确是不能马上兑现的。

李银娟老师从以下四个方面表达了自己的想法：一、分析孩子是不是缺乏安全感。哥哥有没有因为弟弟觉得自己失去重要位置、失去安全感从而失去学习动力。假如是这种情况，父母要学会赤裸裸地对孩子表达爱，比如每天拥抱孩子，每天赞美孩子。二、反思是不是过度使用"比较"这把刀。问题中提到弟弟原来学习成绩非常优秀，假如总是表扬弟弟或者拿哥哥的缺点与弟弟的优点相比较，不免会让孩子失去能量。三、反思是不是对孩子过于"忽略"。有了二胎是不是对老大忽略了？生活细节上是不是没有满足哥哥的内心需要？孩子感受到被忽略也会失去能量。四、关注一下孩子是否转移了学习兴趣。问题中提到，老大在一定条件下才去学习，这种看似用奖品奖励学习的做法，其实会导致孩子厌学。学习是快乐的事情，家长和老师都应塑造"书中有蜂蜜"意识，不要额外奖励什么，那样才更容易激发学习兴趣。

随着讨论的不断深入，大家的思维越发活跃了起来。李璐老师提到，家里孩子多，无形当中就形成了一个小社会。在学生幼儿时期，家长的陪伴和正确严格的管教很重要，但是万不可忽视同辈群体或者自己的兄弟姐妹对孩子学习和行为习惯的影响。在李老师发的这个案例当中，家长的教育和陪护很明显是缺失的。为什么寒假期间孩子一直在玩？家长没有很好地督促孩子学习，是两个孩子学习成绩下滑的一个重要原因。通过哥哥身上折射出来的一些小细节我们可以分析出，孩子学习动力不足、学习被动、学习讲条件，证明家长在教育哥哥的时候就已经出现了问题。家长现在需要做的，并不是焦虑，而是应该审视自己家庭教育上的不足。家长应该和老师勤沟通、多互动，了解孩子在学校的学习情况，找找孩子在家和在学校的不同之处。家长应坚持原则。学生在学习时讲条件，合理的要去激励，比如想通过学习买一本课外书。但是不合理的坚决拒绝，不能妥协，并要让他知道为什么被拒绝。在家给孩子营造合适的学习氛围，比如学习一定要分开房间，一定要有规定的学习时间。与此同时，老师在学校要培养学生的学习兴趣，所谓兴趣是最好的老师，当孩子对学习有兴趣，他在学习上的积极性自然会提高。

王晓艳老师认为，家长对待不爱学习的孩子可以从以下几个方面入手：一、要善于激发孩子的学习兴趣。孩子的兴趣并非天生就有，特别是有逃学、厌学行为的孩子，他们的学习兴趣已经淡化，要使孩子学习兴趣萌发和强化的确不容易，例如运用听、说、读、写，避免学习时间过长使孩子心理上产生厌烦情绪。二、培养孩子良好的学习习惯。家长要在孩子小的时候，就开始培养他良好的学习习惯。在孩子的学习问题上，原则是可以指导，但决不包办代替，让孩子在学习的过程中培养责任感和独立性。三、帮助孩子掌握正确的学习方法。合理利用时间和大脑，不搞疲劳战术，以质取胜。四、帮助孩子同老师建立良好的关系。五、要使孩子看到他在学习中的进步，并及时鼓励他的进步。当孩子在学习时自然地产生一种喜悦的心情、得到莫大乐趣时，学习也自然变得容易而有趣了。六、帮助孩子克服学习中的具体困难。七、给孩子提供一个自由、宽松的学习环境，让孩子直接参与学习过程，建立良好的评价方式与手段，最终消除孩子的厌学情绪。

最后，都娟坊主的发言似一阵清风，吹走了我们心头的疑惑，为我们带来了丰富的营养食粮。她提到，当前二胎家庭普遍存在，该案例反映了很现实的问题。两个孩子朝夕相处，彼此影响较大，如何进行教育？如何让家中老大对老二的影响积极向上？这个话题有意义、有价值。案例中哥哥影响弟弟是正常现象。哥哥年龄较大，弟弟模仿力较强，哥哥对弟弟无形中就起到了引领和掌控作用。要想改变这种不良影响，她的建议一是一定要分析哥哥对弟弟产生不良影响的原因：是哥哥因为家里添了弟弟而失去了"被宠爱"的安全感，还是哥哥确实疼爱弟弟，却不知道在陪弟弟玩耍的同时，对弟弟产生"拖后腿"的影响？如果是前者，父母就要多多关注哥哥的生活需求和所思所想；如果是后者，就要加大对哥哥的教育、引导和矫正。二是要让哥哥明白自己在家中的角色、地位和作用，清楚自己的言行将对弟弟产生较大影响，作为哥哥要增强责任意识，以身作则，率先垂范，为弟弟树立正面的榜样。三是让弟弟明白自己也是家中的重要一员，要明辨是非、知晓对错，虽然是弟弟，但也有责任帮助家庭形成良好的家风，也有义务对哥哥进行监督、约束和教导。四是要双管齐下，公平对待。对哥哥和弟弟的教育要均衡平等、同时发力，要客观公正地评价他们的现实表现，不要让任何一方觉得父母偏心和不公，从而产生嫉妒、憎恨和报复心理。五是不要在哥哥弟弟之间相互比较，不要总是分出高低和胜负，没有比较就没有伤害，别让哥哥或弟弟任何一方觉得自己是"别人家的孩子"。

这期的问题，现实又犀利，老师们的讨论不仅搬走了压在家长心中的石头，也帮助很多老师解决了一大难题。在学习中进步，在发展中成长，我们的讨论从不停下脚步！有教育就有难题，有难题老师们就有对策。感谢都坊主和老师们的深刻思考和无私分享，相信大家一定收获满满。

本期锦囊：

1. 做"延迟获得"的领航员。在对个别孩子的管理上，我们要注意"延迟获得"，让他明白只有通过他的努力才可以获得自己想要的东西，树立他学习的长远目标，不是短期获得。

2. 做温柔而坚定的实施者。跟孩子约定好的学习准则，一定要温柔而坚定地实施，不可心软，不可半途而废。

3. 做孩子兴趣的激发者。有些孩子在一定条件下才去学习，这种看似用奖品奖励学习的做法，其实会导致孩子厌学。学习是快乐的事情，家长和老师都应塑造"书中有蜂蜜"意识，不要额外奖励什么，那样才更容易激发学习兴趣。

4. 做不急不躁的反思者。孩子学习动力不足，学习被动，学习讲条件，证明家长在教育的时候就已经出现了问题。家长现在需要做的，并不是焦虑，而应该是审视自己教育上的不足。

5. 做良好环境的提供者。给孩子提供一个自由、宽松的学习环境，让孩子直接参与学习过程，建立良好的评价方式与手段，最终消除孩子的厌学情绪。

6. 做客观公平的发力者。二胎家庭，对孩子的教育要均衡平等、同时发力，要客观公正地评价他们的现实表现，不要让任何一方觉得父母偏心和不公，从而产生嫉妒、憎恨和报复心理。

教育惩戒引热潮　尺度温度要控好

——班主任班级管理分析（23）

时间过得真快，转眼间又到了我们吸收精神食粮的美好时间。2021年3月10日晚8点，河南省都娟名师名班主任工作室——毛毛虫工作坊《毛毛虫说·智享教育生活》栏目迎来了新学期的第二期活动。

"亲爱的虫儿们，大家好。《中小学教育惩戒规则（试行）》从2021年3月1日起施行，《规则》首次对教育惩戒的概念进行了定义，明确有必要的可实施教育惩戒。那么学校、教师可采取哪些教育惩戒措施？哪些不当教育行为被明确禁止？本周《毛毛虫说·智享教育生活》栏目将关注《中小学教育惩戒规则（试行）》。您如何看待《中小学教育惩戒规则（试行）》的实施？《规则》的实施对您来说有哪些好处？虽然'戒尺'看似还给了老师，但我们应如何把握好实施时的尺度、温度和限度呢？"李璐老师的温馨提醒，拉开了本期活动的帷幕。

高宁老师率先发表了自己的看法。高老师非常赞同《中小学教育惩戒规则（试行）》的实施，她说：《孟子》中有说道"无规矩不成方圆"，可见规则的重要性。但是只有规则，而没有配套的违反规则的惩罚措施，时间一久，规则就形同虚设。长期以来，老师们只知道不能怎么样惩罚学生，在应该怎样惩罚违反纪律的学生的问题上，无法可依。这次《中小学教育惩戒规则（试行）》的实施，给了所有在职教师一个依据，让老师们知道了惩罚的具体措施有哪些。"教"的甲骨文是一手执教鞭，给孩子讲解数码的形状，从中可以了解在有文字出现的时候，教育就已有一定的惩戒了。但是随着社会的进步，老师们的戒尺既要做到让犯错的孩子引以为戒，也要把握好尺度和限度，不能做《中小学教育惩戒规则（试行）》规定以外的惩罚，更不能根据规则一罚完事，还要有温度，关注犯错孩子的心理。

杨济谦老师：首先，老师们应该为这个惩戒规则出台感到高兴。中国是以师道尊严为始的，可是随着经济社会的发展，人们富有了以后，获得经济利益的渠道逐步增加，很多人就把教育放到脑后，对教师也没有了尊重。再后来，甚至开始有校闹的情况出现。但是，随着社会文明程度逐步提高，智慧的中国人开始意识到尊重老师的重要性，所以这个惩戒规则出台了。我们应该看到这背后一去一来的社会发展变革，这也是老师们应该欣慰的地方。

第二，需要明白的是，这个规则既给予老师们教育的权利，也保护了老师。但是我们毕竟是新时代的教师，使用这些惩戒规则的方法方式、初衷目的，都已经和古时候完全不同了。古时候讲究"严师出高徒""教不严，师之惰"，但是今天老师们使用这些惩戒规则，是以爱为前提，是以激励、启发为前提，惩戒的细节还需要注意。也就是说，这个惩戒规则已经和古时候的规则完全不同了。

第三，老师们要认真研读此规则，使用的时候也应该注意细节。最大的一个细节就是要以思想工作为前提，让学生明白为什么惩戒，让学生明白老师的用心，不要因为惩戒和学生产生心理隔阂。虽然国家层面给予老师权力，但是还要过学生这一关。第二个细节，惩戒时老师的语气态度，应该是温和坚定的。当然，还有其他需要注意的地方，在具体实施过程中，我们要逐步发现。

李璐老师结合自己的亲身经历再次理解了《规则》。李璐老师问大家，小时候有没有被老师惩罚过，她说她有过这样的经历。她曾被一个年纪大的老师拿着一本硬硬的书在头上拍过一次，那种感觉这辈子都不能忘，像触电一样。可是，当时并不知道自己到底犯了多大的错，可能是跑神了、发呆了。她被数学老师拿小棍打过手心；也目睹过小时候班主任老师恨铁不成钢的样子，虽口口声声说爱学生，但责备班里违纪的孩子们时却说出了"一颗老鼠屎，坏了一锅粥"这样的话；还目睹过数学老师发脾气拿扫把打学生屁股的场景。现在想起来，这事多么恐怖，那个时候的孩子不需要面子吗？不需要自尊吗？那个时候的学生，犯了错，没人敢回家告诉家长，挨了揍都觉得是自己的错。随着现在教育制度越来越规范，越来越注重保护孩子的心理健康，《规则》的实施在更大程度上绝对是保护了孩子，也保护了老师们。《规则》让大家能够规范、有爱、有耐心、有方法地教育孩子，也让老师知道什么该做、什么不能做。现在社会，对老师的误解很多、很深，一旦处理不好和家长的关系，小小的批评，甚至是正常的惩戒带来的影响都会被恶意扩大，而恶性事件发生后，教师永远都是弱势群体。老师们必须要知道，即便是有《规则》撑腰，但是也理应清楚，育人是目的，如何艺术地教育孩子，处理好和家长、和孩子的关系，共同助力孩子成才才是重中之重。

王运惠老师：爱与惩罚都是教育中不可或缺的支架，如果没有相应的惩罚，学生就不知道什么是对、什么是错。这样他们就不能明确什么该做、什么不该做。只有适当的惩罚，才能真正树立教师威严；只有适当的惩罚，学生才能遵守规则。

于杉珊老师：惩戒不是教育的目的，教育的终极目的是让学生"成人和成才"。因此老师们要学会用耐心、爱心、童心感化教育学生，让学生在爱的氛围进行幸福完整的学习生活。

吴斌老师则认为在运用《规则》过程中要注意，情绪冲动的时候不能运用惩戒教育，不在众人面前运用惩戒教育，不要有"杀鸡儆猴"这种心理，要考虑学生的人格尊严。惩戒方法不能过于简单，要做到以理服人。惩戒过后一定要给学生讲清楚，让学生从内心认识到自己的错误。

仝亚文老师：惩罚只是手段，而不是目的。让学生明白正确的做法，把学生引入正轨才是目的。在学生表现欠佳之后，一定要与他进行谈话，告诉他将来面对相似情景时，什么样的行为才是恰当的。而不能奢望只要学生受到惩罚，就能够在下一次做出最正确的选择、最合适的行为。小朋友们需要反复提醒，正如同德育教育，这是一个抓反复、反复抓的过程。

华晓娟老师：教育惩戒给老师教育学生提供了一定的制度

保障，还可以让学生有一定的敬畏感和约束感，但是教育惩戒不能成为老师随意惩罚学生的借口，也不是造成老师与学生心理上疏离的理由。作为老师，如果真心关爱学生，教育得当，就无须考虑有没有惩戒机制的问题。

贾中涛老师用了一个很贴切的比喻："惩戒权就像核武器，可以不用，但应该有。"《规则》的出台，规范了教师可以惩戒的方式和程度，一定程度上是对教师的一种保护和支持。但是，不到一定程度尽量不用。老师们应该明确哪些情况能用到惩戒，也是对孩子们进行一个底线教育，告诉孩子们哪些错误是一定不能犯的。

最后，都娟坊主对《惩戒规则》进行了深入解读。都坊主认为：《规则》的施行，难点在于需要教师提高认识，需要家长的理解、支持和配合。希望教师能够把握好《惩戒规则》实施的尺度、温度和限度，更新教育理念，改进教育方式，提高正确履职的意识和能力。《惩戒规则》的实施要与鼓励、劝导、积极管教相结合，确有必要时再合理使用。希望家长履行对子女的教育职责，尊重教师的教育权利，配合学校、教师对违纪违规学生进行管教。

《规则》既是对学生的规范，也是对教师的规范，不仅明确了教师该做什么，也明确了教师不能做什么，红线在哪里。既维护了教师的合法权益，也避免了教师过度使用教育的权力。

本期讨论的话题严肃而深刻，值得每一位老师深入地思考。《惩戒规则》到底应该如何使用，到底应把握一个什么样的"度"？这都是尚未完全解决的问题。都坊主说："惩戒不是万能的，但没有惩戒又是万万不能的。"所以，我们感谢国家出台此规则的同时，应该掩卷深思，如何利用好这把"戒尺"，把握好尺度，控制好温度，丈量好限度，真正做到善用、慎用规则！

本期锦囊：

1. 规则范围不可超。老师们的戒尺既要做到让犯错的孩子引以为戒，也要把握好尺度和限度，不能做《中小学教育惩戒规则（试行)》规定以外的惩罚，更不能根据规则一罚完事，还要有温度，关注犯错孩子的心理。

2. 思想工作不可丢。我们使用这些惩戒规则，是以爱为前提，以激励、启发为前提，惩戒的细节还需要注意。最大的一个细节就是要以思想工作为前提，让学生明白，为什么惩戒；让学生明白老师的用心，不要让学生产生心理隔阂。

3. 艺术手段不可少。老师们必须要知道，即便是有规则撑腰，但是也理应清楚，育人是目的，如何艺术地教育孩子，处理好和家长、和孩子的关系，共同助力孩子的成才才是重中之重。

4. 人格尊严不可弃。运用规则过程中要注意，情绪冲动的时候不能运用惩戒教育，不在众人面前运用惩戒教育，不要有"杀鸡儆猴"这种心理，要考虑学生的人格尊严。

5. 真心关爱不可忘。教育惩戒不能成为老师随意惩罚学生的借口，也不是造成老师与学生心理上疏离的理由。作为老师，如果真心关爱学生，教育得当，就无须考虑有没有惩戒机制的问题。

以"绰号"为镜　鉴师生之情

——班主任班级管理分析（24）

　　春回大地，万物复苏。一年之计在于春，毛毛虫工作坊的虫儿们，抓住这大好春光，不停地积蓄力量，自我成长。2021年3月17日晚上8点，毛毛虫工作坊《毛毛虫说·智享教育生活》栏目准时开播啦！

　　本周《毛毛虫说·智享教育生活》栏目将继续带领大家通过分析发生在我们身边的案例，提升班主任的专业能力。本次我们关注的案例如下：

　　不知大家是否有这样的经历：成为老师后，获得了一大批"小粉丝"，偶尔也有一些"黑粉"，他们喜欢给老师起外号，谈论老师们的八卦。

　　问题：张老师无意间听到了学生喊她"灭绝师太"，还讨论她的长相和服饰，如果你是张老师，你会怎么做？

　　李素芬老师：如果学生给自己取的是贬义的绰号，那么要跟他好好沟通，让他知道随意给人取外号是不尊重人的表现，意识到自己的错误并改正。如果这种取外号的现象在班级里比

114

较普遍，可以开班会针对这种情况对全班学生进行正确的引导。如果学生给老师取的是善意友好的绰号，那么可以接受，同时跟学生打成一片，但是要跟学生约定好在公共场合不允许直呼外号。作为老师，遇到这种情况要学会找原因，对症下药，正确引导学生，培养他们良好的习惯。要对自己进行深刻的反思，是不是自己对学生太过严格，在教育教学生活中没有很好地跟学生融合到一起？如果是，要会反省自己，并在今后的教学中与学生建立良好的师生关系。

李银娟老师：关于学生给老师起外号这个问题，我会首先解读外号含义。假如没有恶意，仅仅根据外貌特点起的，可以不加理会，也可以与孩子沟通接纳这个外号，说明孩子对自己特别关注。你越是不在意学生倒觉得无趣，不再给老师起外号。假如老师刻意对这件事揪住不放，恰恰是犯了教育中的"禁果效应"，可能学生越加热衷起外号。假如外号含义与自己对孩子的态度有关系，带温度的如"大爱天使""知心姐姐"，那是孩子对自己的肯定，是一种褒奖，那就幸福接受吧。假如是贬义的表达孩子对教师厌恶的外号，那就努力反思自己的行为，真诚地给孩子道歉，孩子们是善良的，相信这样会得到孩子的谅解。

杨济谦老师对待这一问题的看法是：

一、正确对待。理解学生给老师起外号是一种正常的现象，我们不能一概阻止。学生为老师起名字，首先说明老师具有某一个方面的特征，当然，这个特征或好或坏，或是表扬或是讽刺。这个现象首先应该引起我们的注意，如果是优点，我们要继续发扬；如果是缺点，则要深刻反省，及时改正。

二、面对褒贬俱备的外号，如案例中的"灭绝师太"，这个名字中肯定有贬义，是说张老师不近人情，过于严厉。但是也从另外一个方面说明张老师要求严格，工作一丝不苟。面对这个褒贬俱备的名字，我们就应该分开两方面看待。首先要改正自己高高在上、过于严厉、咄咄逼人的作风。另一方面也要对自己严肃认真的工作态度继续保持，只是要注意和学生之间的沟通，注意和学生心灵上的交往。这样，一个"灭绝师太"就会转变成为一个"知心阿姨"了。

三、面对褒义外号，有很多时候，学生还是非常爱戴老师的，所起的名字也是表达了学生对老师的爱戴和亲近。比如我们身边的榜样"芹菜王妈妈"王彩琴老师，一个名字就道尽了学生对老师无限的爱戴，更反映出了王老师对学生母亲般的关爱。我教过的很多学生都叫我"谦哥"，年轻的时候觉得学生这样叫我还是很亲热的。相信我们很多老师都有学生给自己起的名字，也许一个名字就代表着我们一段难忘的温情岁月。

四、作为班主任，我们还是要引导学生正确地做这个事情。首先我们要告诉学生，给别人起含有贬义的外号是不好的行为。我们可以用一些尊称，或者好的名字来表达自己对老师的感情，但是一定要慎重，不能对老师产生不好的影响，这个要求同样适用于同学之间。我们要提前引导学生，这样就避免了学生之间总是用一些不好的外号，导致班级风气不佳，或者引发班级矛盾。

王彩琴老师时刻关注着大家的探讨，看到杨老师对自己的外号"芹菜王妈妈"的解读，也给大家说起了自己的另外一个外号"老鹰"的由来：我一直在欣赏大家的讨论，特别感动，很多时候学生起外号，并没有恶意，一时兴起而已。我曾经有一个外号叫"老鹰"，一个意思是教英语的，英的谐音；另一方面，学生说我专叼隔壁班孩子。有时候想想特别可笑，又觉得很开心，不要在意学生起外号，如果给老师起外号，说明学生对老师观察得多，观察细心。

贾中涛老师也感慨地说起了自己的外号变化：今年我的外号就变了两次，第一次是上课有同学坐姿不对，我说生物老师是个老中医，专治各种坐姿不规范，得到外号"老中医"；第二个外号是上课有同学不认真听讲，我说了一句"南村幼童欺我老无力，忍能对面为盗贼"，结果被孩子们称为"老贾"。看看这些活泼可爱的孩子们！

李璐老师回想起了自己的学生时代，调皮的男同学因为历史老师衣着夸张，肤色较黑，就给老师起了个外号"黑山老妖"。尽管这外号听起来搞笑又不文雅，但学生们都很喜欢历史老师，还爱听她的课。李老师感慨：从这件事，我们可以看出，学生给老师起外号，或许是因为太喜欢她，也可能是因为她的长相或者穿衣风格让这些调皮孩子开起了玩笑，也或者是孩子们对这个老师有什么看法。所以，假如我是张老师，我不会生气，孩子愿意给你起外号，其实就是另一种方式的关注，既然孩子们关注我们，就让我们开心地面对吧。"灭绝师太"应该是"黑粉"们起的，我会通过聊天和私底下询问的方式问问孩子们，为什么给我起这个外号，如果是因为我管理专制，大家觉得我严厉，我肯定要进行教育管理上的调整。如果是因为服饰、长相被孩子们开起了玩笑，我觉得如果不是特别夸张不合适的服装，我会继续保持我的风格，并从教学和人格魅力上感染每一个学生，让他们喜欢上我。

老师们积极参与讨论，回想着自己学生时代的可爱调皮，回想着自己身为老师后的"外号"变化，"芹菜王妈妈"还打趣地说我们都有一个外号叫作"毛毛虫"。陈辉老师根据学生们给自己起的外号说应该对学生智慧地适时教育。张进森老师提醒大家身为老师，一定要注意自己的言行举止、为人师表的形象。付晶老师说我们要智慧地让"灭绝师太"变"知心姐姐""暖心姐姐"。从大家的言语中能看得出来，老师们都很有智慧，大家从善意或恶意的外号中，思考和释怀孩子们和自己的行为。

我们陪着孩子一起长大，看着孩子长大，同时他们也在看着我们，看着我们在教师道路上的成长。"起外号"代表着孩子对老师的喜爱，对老师的关注，对老师的某些评价，或褒或贬。我们要从这些外号里，看到孩子们的在乎和关注，也要及时改进自己的行为举止，让师生关系更加和谐融洽。很感谢老师们的积极发言，和学生相处充满了欢声笑语，偶尔也会有多云天气。或好或坏，他们都是充实我们人生的重要他人。身为老师，我们要不断思考、成长，学会"借题发挥"、适时教育，做到正确地引导和教育。本期《毛毛虫说·智享教育生活》栏目在大家意犹未尽的发言中结束了，在本期活动中，大家都在讨论分享中再次收获了教育的启迪与智慧。

本期锦囊：

1. 足够重视。面对孩子们给老师起绰号的问题，需要我们有足够的重视，注意绰号背后学生内心真实的感受，从而再针对具体情况进行具体解决。

2. 正确对待。绰号有褒义的也有贬义的，学生在给老师起绰号时可能是关注到了老师某些方面的特点，因此面对绰号中的褒贬不应过度反应，尤其对于绰号中的贬义应"有则改之，无则加勉"。

3. 适时教育。"起绰号"可能只是一件小事，然而这件小事背后却能折射出学生的思想。因而，当绰号中有不恰当的字眼出现，老师应予以重视，并以此为契机对全体学生进行思想教育，正确地引导他们尊重他人、树立正确的价值观。

4. 学会反思。"行有不得，反求诸己"，针对学生"起绰号"问题，如果绰号是褒义，自然皆大欢喜；如果绰号含贬义，老师就应静下心来反思自己的言行是否得体，与学生的关系是否得当，自己的教学过程是否得法。

真诚沟通搭桥梁　助力家校共成长

——班主任班级管理分析（25）

班级管理，是一个道不尽的话题。班主任虽是世界上最小的主任，却担负着育人的重大责任。育"新苗"的任务很繁重，和家长沟通需要班主任的智慧。

大雪已过，冬至将临，入骨的寒气咄咄逼人。毛毛虫工作坊里，虫儿们智慧的火花击退了逼人的寒气，给我们带来了班级管理的盛宴。河南省都娟名师名班主任工作室——毛毛虫工作坊《毛毛虫说·智享教育生活》栏目，周三晚上 8 点与工作坊的虫儿们准时相约，共同探讨班级管理"秘籍"。

本周栏目主持人带领大家继续关注我省班主任工作的最高赛事——班主任基本功大赛。本期题目：

上周末学校安排了一次活动，需要家长配合，也需要各班有几位家长做志愿者。我在学校家长微信群里发了消息，个别家长在群里大发牢骚，抱怨占用了周末时间……有两位学生家长答应做志愿者，活动当天却没有来，导致班级在活动中一阵忙乱，很被动。面对这样的情况，我该怎么办？请你给这位班主任出出主意。

晚上8点，主持人在工作坊发出了栏目开始的提醒。

冯会然老师从两个方面进行了分析：面对这种情况，作为班主任首先要静心，先对来参加活动的家长和孩子进行表扬，变被动为主动。活动结束后把参加活动的目的和意义以及参加志愿者活动的收获发到班级群里，再次表扬参加活动的家长和孩子，从正面去影响那些不积极的家长，以便以后活动的开展。接下来就是反思自我了，以后再安排什么活动要做好充分的动员工作，提前把活动的意义告知家长，要动之以情，晓之以"利"，家长参加学校活动的积极性就会慢慢提高。

高巧竹老师结合自身体会谈到了家校合力对班级管理工作的重要作用：随着教育改革的深入、教育理念的更新，我们意识到"家校合力"在教育工作中的巨大作用，我们开始关注并尝试发挥家长在学校教育中的重要作用。我们敞开校门，主动邀请家长做志愿者参与学校教育工作，让家长志愿者成为班主任在班级管理中的重要人力资源，充分发挥家长的教育和管理作用，努力改进班级管理，提高育人效果。

李璐老师：针对此事件，要把志愿者活动安排好，可以先拜托家长委员会，然后自己全程参与，让本次活动圆满结束。事后需要进行思考，首先要进行自我检讨，为什么家长不愿意配合学校工作？学校工作其实就是班级工作，如果家长不愿意做，证明班主任在班级管理上还是有漏洞的。如果家长和班主任关系不错，家长自然愿意接受老师安排的任务，也会理解老师的安排。这个事件当中，家长在微信群中公开抱怨，传播负能量，这背后就可以看出她对学校工作的不满意，对老师安排工作的不满意。如果有这样的问题，一定要在和家长的沟通上下足功夫。有时候，艺术性的沟通，暖心的话语，就会让家长们更愿意配合老师的工作。

晁利攀老师：一、以最快的速度恢复现场情况，联系几位平时配合学校工作的家长，保证学校活动顺利进行。二、活动后，及时在家长群反馈、汇报活动内容：1.表扬积极参与的家长；2.简单讲解本次活动的内容；3.让家长了解学校组织活动，是为了丰富学生的课外生活，为学生提供更优越的教育资源。三、活动后的反思：家长为什么对学校活动存在消极情绪？1.若家长本身不懂得学校活动的性质，不知道如何用实际行动配合学校，心有余而力不足，班主任就要鼓励家长积极参与，引导家长明白活动的性质，耐心讲解活动的环节，以助更多的家长参与到学校活动中来；2.若对学校活动有误解（抱怨占用周末时间、发牢骚等），班主任要做好家校合作的桥梁，及时沟通、传递、解析家校信息，建立和谐、积极、正能量的家校关系。

闫雪玉老师：最有效的家校沟通，是真心诚意地走进家长心里，获得家长打心眼儿里的认同与接纳比什么都重要。

王金花老师也表示：我们既当家长又当老师的，确实能够体谅这两个身份的不易，更容易换位思考，也能利用这个优势和家长沟通。

虫儿们把目光都聚焦到了"沟通"上。家长和老师都是孩子成长过程中的重要角色，双方的沟通显得尤其重要，"沟通"确实是解决家校矛盾的良药。

最后，都娟坊主做了总结：与家长做好沟通，是班主任必须具备的能力之一。出现案例中的忙乱与被动局面，作为班主任，应该认真反思。第一，班主任应主动在班级家长群内致歉，请家长原谅班主任没有提前做好沟通和安排。第二，端正班主任对家长做志愿服务的认识。班级开展活动，如需请家长来帮忙，应本着自主、自发、自觉、自愿的原则，不能对家长进行强迫和命令。第三，提前与家长沟通关于在班级活动中做好志愿服务的重要性和必要性，并对热心班级服务的家长志愿者提出明确要求及分工，确保活动顺利开展。第四，班级活动后，及时对参加志愿服务的家长表达诚挚的感谢，同时，班主任也要多进行换位思考，充分理解家长、尊重家长。第五，对学生进行志愿服务精神内涵的解读，通过小手拉大手，带动广大家长支持和协助班级活动的顺利开展。沟通要讲究方法、技巧和策略，良好的沟通可以化解矛盾，避免误会的产生，取得更为理想的教育效果。

美好的分享时光总是短暂的，讨论虽然结束了，虫儿们智慧的光芒依旧闪烁着，它将会给我们仍然心存疑惑的虫儿指明方向。

讨论结束后，主持人在群里分享了《教育时报》刊登的一等奖获得者岳夕莹老师的精彩发言，每一个真实的案例背后都有无数需要帮助的孩子，需要老师给予智慧的教育方法。

家校，看似是割裂开的，其实是紧密相连的。我们不能把孩子当人质，我们要把自己当成学生的爸爸妈妈，和孩子的亲爸亲妈搞好关系，有了好的关系，一切便没关系。身为教师，我们事情很多，心情也会有起伏，而当面对家长时，一定要耐心沟通，微笑沟通，避免出现误会。希望家校能够全力配合，共同托起孩子美好的明天！

本期锦囊：

1. 做好准备，充分调动家长的积极性。当学校有活动需要家长配合或者做志愿者时，老师要把活动的目的和意义告知家长，最好是发挥家长委员会的作用，动之以情，晓之以"利"。

2. 及时表扬配合班级工作的家长。对积极参加学校或班级活动的家长要及时在班级群表扬，既是对参加家长的鼓励，也为其他家长树立了榜样。

3. 学会倾听家长的意见，让家长表达他的意见。谦虚诚恳、专心倾听会让家长感到很受重视。另外，对家长特别提出的要求要细心记住，及时解决，当解决完之后，还要反馈给家长，这样有利于建立良好的家校关系。

4. 平时多沟通，避免问题发生。班主任和家长的地位是平等的，目标是一致的，都是学生的教育者，设身处地为孩子着想，用心去呵护每一个孩子，让家长感受到老师的真诚，当班级需要家长配合时，自然不会出现有人抱怨的负能量。

团结科任老师　助力班级建设

——班主任班级管理分析（26）

　　班主任工作是中小学教育工作中至关重要的一环，班主任肩上担负着重要的育人使命，班主任的人格魅力和高尚品德对学生影响深远。如何更好地走进学生的内心，指导学生走好人生道路，是每一个班主任的永恒课题。

　　周三晚上8点，毛毛虫工作坊《毛毛虫说·智享教育生活》栏目与虫儿们准时相约，共同讨论班主任基本功展示活动。栏目主持人将带领大家继续关注我省班主任工作的最高赛事——班主任基本功大赛。让我们走进"班级管理案例答辩"环节，班主任们需要提前十分钟从题库中抽题，现场三分钟分析解答，理论结合实践提出解决问题的策略和方法，以展现班主任们的育人实践智慧和思辨力、表达力。

　　本期题目：我带这个班级已经两年了。本学期新换了一位科任老师，这段时间他常向我抱怨学生不好好学、成绩差。于是他上课我就去观察，发现不少学生在打瞌睡，或者做其他功课，但老师却不怎么管……面对这种情况，我该怎么办？请你给班主任出出主意。

马会珍老师：班主任是任课老师和学生之间的桥梁，作为班主任，有责任、有义务协助任课老师做好教学工作。如果任课教师和我反映学生上课纪律差，我会及时调查了解原因，并积极采取措施。我也会在非正式场合，在只有我们两人的情况下，给这位老师一些建议：自己的课堂自己做主，学生做与自己课堂无关的事情，一定要严格制止，以防止这种现象继续蔓延。

李璐老师：首先，身为班主任，对于换新老师这件事，一定要想办法让孩子接受新老师，要力推新老师，让孩子们信服新老师，从内心接受新老师，并且让新老师也接受新班级，感受到班级的温暖。其次，如果师生相处得不好，先从孩子入手，开主题班会，及时疏导沟通，针对课堂纪律，教会学生认真听课，尊重老师。我们要做好"中间人"，学会调节学生和新老师之间的关系。第三，对于新任老师，一定要全力配合他们的工作，让他们有信心无压力地接纳新班，有问题一定要及时解决。但对于课堂上出现的不管不问的情况，也要委婉地沟通，寻求好的解决方法。

王栋利老师指出要寻找老师的闪光点并告知学生，树立老师的良好形象。李银娟老师强调老师要有自信，班级要有制度。贾中涛老师介绍了他所任教的班级在换老师的情况下是怎么做好沟通工作，保证孩子的学习不出现波动的具体方法。都娟坊主赞同贾中涛老师加大理论学习力度的建议，指出要从深度、长度、广度、高度四个维度分析思考，教育要考察过去，诊断当下，更要着眼未来。老师们各自发表自己的看法，微信群内热闹非凡，让人目不暇接。

　　都娟坊主提出了班主任管理班级的重要能力是"沟通"，强调要讲究沟通的方式、方法和技巧。她还从答辩的角度条理分明地发表了自己的看法，为大家树立了榜样：首先，深入班级，走近学生，观察和调查该任课老师上课时学生睡觉的原因，是学生对老师的课不感兴趣，还是老师课堂管理能力较弱。其次，与该任课老师交谈，聚焦问题，精准施策，共同想办法扭转当前课堂纪律不良的局面。第三，召开"敬畏课堂，尊重老师劳动成果"的主题班会，增强学生的自我管理意识和集体荣誉感。第四，与所有任课老师沟通，了解在其他老师的课堂上是否也存在学生睡觉的现象，如果有，就应该下大力气狠抓班级的班风、学风了。沟通是班主任管理班级的重要能力之一，沟通的目的是为了解决问题，而不是激化矛盾。在与任课老师、学生、家长沟通时，一定要注意态度的坦诚与真诚，一定要讲究沟通的方式、方法、技巧和艺术。

　　都娟坊主还从班主任基本功答辩的角度为大家提出了指导性意见：虫儿们，让我们再次聚焦今天讨论的案例。根据做评委的经验，案例答辩时，最好采取条目式回答。上面仅仅是我个人的思考，不一定正确，也不一定全面，希望能给大家一点启发和思考。

　　时间飞驰，一晃一个小时的讨论时间到了，老师们依旧兴致未减。

　　每一次讨论班级管理的问题，最终都让我们把目光集中到提高自身修养上。提高自己教育教学的能力，增加个人魅力，让自己有"圈粉"的实力，我想这是我们的顿悟，也是我们深入讨论的意义。每一个话题，都需要我们提前准备，这像是一次次的实弹演习，无形之中提高了我们的班级管理能力。收获总在参与中，成长总在思考时，感谢都娟坊主为我们指引成长的方向。由于时间关系，今天的讨论又要告一段落，让我们一起期待下一次的成长，下一次的拔节蜕变。下周三晚上 8 点会是什么话题呢，让我们一起等待。

本期锦囊：

1. 树立科任老师的威信。班级如果换科任老师，班主任要提前在班级对学生做介绍，科任老师的优点和成绩要铿锵有力地大声说出来，认真地向学生介绍科任教师业务、师德、专长等方面的能力，介绍其认真备课和教书育人的事迹，使学生对新老师产生敬仰、敬佩之情，尊其师才会奉其教。

2. 做科任老师和学生之间的桥梁。班主任要妥善处理科任老师和学生之间出现的问题，师生间的矛盾比较复杂，有时完全是学生的错误引起的，有时则是由于教师过严、态度过硬而导致。无论哪种情况，如果处理不当，都有可能造成师生之间的对立，不利于教学工作的正常展开。因此，当科任老师与学生因某种原因出现对立情绪时，班主任一定要妥善处理学生与科任教师的矛盾，要坚持实事求是、尊师爱生的原则，及时疏导协调，使双方主动化解，班主任既要维护科任老师的威信，也要让学生心服口服。

3. 多沟通，做科任老师的好助手。团结依靠科任教师建立一个班级共同体，在这一班级共同体中建立统一的奋斗目

128

标，同任课老师共同商量、研究，根据班级目标以及学生的实际情况，对学生提出统一要求，形成整合一致的教育力量，共同作用于学生。平时要多和任课老师联系、多沟通、多询问、多咨询，了解学生平日学习生活中的各种想法，全面掌握学生的思想波动。及时反馈学情，学生在成长，班级情况在不断地发生变化，因此，班主任就有必要及时地掌握学生学习、生活、心理上的变化，并把这些变化及时地反馈给科任教师，以便及时了解，因材施教，加强教育教学的针对性。

作业布置巧用心　提升能力最重要

——班主任班级管理分析（27）

春来了，春来了，百花盛开，百鸟争鸣，好不热闹！春姑娘像一位画家，装点了我们的世界，毛毛虫们趁着这大好春光，依旧坚持着蓄积力量。3 月 31 日晚上 8 点，毛毛虫工作坊《毛毛虫说·智享教育生活》准时开播。

本期《毛毛虫说·智享教育生活》栏目关注最近的热点话题——家庭作业量。为减轻中小学生的课业负担，教育局规定小学一二年级不留书面作业，学校积极响应。班里一些家长反映自从不布置作业，孩子回到家玩心很大，有些家长私自给孩子布置作业，却遭到孩子们的反抗，说老师没有布置作业。很多家长要求老师适当布置一些练习作业，而有的家长和学生坚决反对布置任何书面作业，微信群里众说纷纭。

问题：面对这种情况，身为班主任的你该怎么安抚家长，合理解决？

李银娟老师总是第一个出现，给大家带来专业智慧的分析：面对小学低年级布置作业家长出现不一致的态度这个情况，我会与家长从以下几方面交流。

一、小学低年级兴趣培养的重要性。小学低年级重要的是兴趣培养，苏霍姆林斯基的低年级课堂都是在大自然中度过，学生对上课充满了期待，下课不愿意离开，而我们中国孩子都在期盼下课铃响。长期下去，学生的学习效果就可想而知了。我们国家的现状是低年级在室内进行授课，本身一定程度上就违背教育规律，假如再做书面作业就会导致学生厌学。

二、让低年级学生亲近阅读，享受幸福人生。朱永新在《新教育》中说："要给教师和学生完整的幸福教育，就是让学生亲近阅读，与大师对话，培养高情商，培养学生对祖国有责任、勇于担当的优秀品质。"优秀孩子的培养需要从阅读入手，目前没有书面作业，学生可以有阅读空间，期待家长转变观念，给孩子做榜样，走近阅读，而不是要求孩子写作业。

三、用《吴正宪与儿童数学教育》中的理念引领家长。吴正宪老师说："成年社会的大人们必须换位思考，大人们不能只从自己的感受出发，只从自己的利益出发，这样下去学生减负没有希望！"家长望子成龙、望女成凤，把一家人所有的希望都寄托在孩子身上，换位思考，假如是自己学习了一天，晚上接着做作业，一天两天还可以，天天如此，谁会愿意这样呢？通过家长会或者家庭教育沙龙渗透上述理念，改变家长的观念需要时间，慢慢引领、渗透，相信会好起来。

李老师有理有据的分析，让我们对布置作业有了新的认识，培养兴趣，走进自然，走近阅读，要比做作业更加重要！

晁利攀老师从作业的作用、如何科学地布置作业和布置什么作业谈起，给大家带来了好方法：

一、作业是为了帮助孩子巩固知识，夯实基础，需要布置少量作业。在布置作业时，老师要注意题目的设置要少而精，既不浪费孩子大量时间，又能准确高效地完成作业，掌握知识。

二、教师注意作业布置多样化、生活化，分层布置作业。

1. 作业多样化。从题型上来说，要有客观题和主观题。既培养学生做题方法多样化得出结果的能力，又培养学生缜密规范的思维和语言组织表达能力。从题目的难易程度上，采取中等难度题占60%，容易题占25%，而难题占15%的大致比例，以便各个能力段的孩子都能有所得。

2. 作业生活化。在知识的运用中，多与实际生活相联系，让学生体会到学以致用的充实感，激发学生的学习兴趣和求知欲望，并促使孩子萌生继续探索的好奇心。让枯燥的知识变得有趣，让孩子们干涸的心灵主动接受知识的洗礼，每个孩子都越来越优秀，越来越自信！

3. 分层布置作业。考虑到学生个体之间有差异，我们老师需要因材施教，用灵活的教育方式，因势利导地教育学生。

三、古语有云："温故而知新，可以为师矣。"学生需要有自我学习、巩固旧知、预习新知的过程，即我们现代人所说的作业。所以布置多少作业，布置什么样的作业，让学生以怎样的形式完成作业，都是我们教育工作者需要认真思考的问题，需要共同探讨的课题。教育之路，任重而道远。

虫儿杨济谦通过话题想到：我们的教育对象不仅仅是学生，还有学生背后的家长。所有的职业都有入门的资格考试，可是父母却是没有经过专业资格考试的。我们要做好教育，离不开家长的支持；但是做好教育，也是家长的重要责任。可是现实中还有很多家长属于心有余而力不足的，甚至很多时候是南辕北辙，拉倒车。在家长自认为"非常负责任"的情况下，其所作所为有时并不是正确的。很典型的一个例子就是对待作业的态度，有的家长简单地认为，多写作业才能学习好，所以他们就自认为很适当地给孩子多布置作业。特别值得注意的就是，很多幼儿园也以教的内容作为自己办园成绩之一，特别是拼音、计算、写字，很多幼儿园都开始涉及，这也有点拔苗助长。

说到这里，毛毛虫工作坊群2的陈巧梅老师想到了自己正在上幼儿园的儿子，有些幼儿园的孩子已经要面对繁多的作业，如此这般，我们的孩子能不厌学吗？布置这么多作业，家长也知道老师的用心，但是适时地拒绝、巧妙智慧地沟通很有必要。

杜玉坤老师：现在孩子对作业厌恶且应付的心态很是普遍，我们的作业真的太多，什么阶段布置什么样的作业，布置多大量的作业，应该做系统研究。现在对一些布置作业多的老师，学校、年级、班主任和其他老师都抱着不好意思指正的心态，因为这些老师很敬业，不好打击积极性。过犹不及，这样的积极性其实应该阻止。但谁来阻止，好像所有学校一直以来都没有人专门负责这个事情。

王瑞蕊老师：从学习规律的角度来看，白天孩子在学校学到的新知识，晚上回家是需要进一步巩固练习的，如果不巩固，大部分都会遗忘。适量作业也可以帮助孩子养成一个好的生活态度和学习习惯。但老师不要布置无意义作业，比如海量的抄写、默写、听写、总结笔记、过多的卷子和练习册等，对有些学生根本起不到帮助作用，反而会占用他们大量的学习时间。可是不写往往还要受老师惩罚，导致他们的课后时间都浪费在无意义作业上，没有时间复习和预习，没有时间真正地学习。老师需要结合孩子的年龄特征来考虑孩子的作业需要，低年级可以以阅读为主。

怎样布置作业才更有效？首先，要搞清楚两个问题：

一、学生应该从这项作业中学到什么知识？

二、学生应该从这项作业中收获什么经验？

我们要把我们的期望明确地传达给学生，帮助他们更好地掌控学习过程。当学生清楚自己该学会什么、该收获什么的时候，学习才能变成主动掌握知识的行为，而不是心不甘情不愿地被动学习。

虫儿们积极思考，发表自己的见解，都娟坊主也给虫儿们抛出了两个问题：怎么布置作业是每一个老师的必修课程，也是每一个家长的必修课程。作业的作用是什么？布置作业的目的是什么？

杨济谦老师首先发表了自己的看法：与家长的沟通和对作业的安排是最重要的两点，正确引导家长，科学布置作业才能真正解决问题。

郭蕴文老师：一、课上能完成的不留课下；二、当天能完成的不留明天；三、学校能完成的不留回家。

高宁老师：作业的布置一定要精准而高效，机械性抄写是毫无意义的。

通过本次的探讨，我们再一次体会到教育无小事。也许大家不经深思熟虑就布置的作业，正在日积月累地消磨学生学习的兴趣和爱好。身为教师，大家要格外敬畏我们的三尺讲台，格外小心自己做的每一件事情。同时也要认识到，教育不是我们一个人的问题，是需要家长和我们一起努力完成的。相信大家对作业会有更深一层的认识，希望我们用好课后作业这张牌，用正确的方法，完成我们的使命。感谢大家的参与，下周不见不散！

本期锦囊：

1. 走近阅读比做作业更重要。教师应该结合学生的年龄特征去考虑作业的安排和布置，无效作业的布置只会消磨学生的学习热情。低年级阶段要以培养学生的兴趣为主，通过阅读拓展眼界，提升能力。

2. 作业布置要多样化、生活化。学生个体之间存在差异，多样化作业既可以帮助学生巩固知识，还可以提升学生能力。家庭作业与生活相结合，激发学生的学习兴趣和求知欲望，使其达到学以致用的目的。

3. 作业分层布置，目标量身定制。根据学生的实际水平和基本功底，规划设计适合他们的学习方案，分层次定目标、压任务、留作业。

4. 转变家长观念，带动学生成长。通过家长会或者家庭教育沙龙渗透科学的育人理念，引导家长正确认识作业，明确提升孩子的综合素养才是孩子成才的关键。

班级"话痨"自律差　因材施教方法妙

——班主任班级管理分析（28）

积蓄力量，不断成长。2021 年 4 月 2 日晚上 8 点，河南省都娟名师名班主任工作室——毛毛虫工作坊《毛毛虫说·智享教育生活》栏目再一次与虫儿们准时相约，共同探讨班级管理的奥秘。

本周《毛毛虫说·智享教育生活》栏目讨论的案例来自濮阳市第四届班主任基本功大赛案例答辩题目，内容如下：

小杰是班级里一位学习成绩中等的学生，写作水平不错，但是上课说话情况非常严重，很多老师都向班主任反映这种情况。班主任与小杰多次谈话，情况并没有好转。后来班主任给小杰调换了座位，仍然无济于事。

问题：如果你是小杰的班主任，你会怎么做？

李银娟老师率先发言：一、分析小杰上课说话的原因，可能是对课堂没有兴趣，处于低能量状态。小杰写作水平不错，可以利用这个突破口提升小杰的正能量。

二、与各位任课老师联合起来，肯定小杰写作水平不错的优点；然后关注小杰上课时的动态，假如听课有进步要极力肯定，因为关注什么就有什么，关注进步结果就会进步。

三、分析上面材料，班主任多次关注的是小杰课堂说话，多次谈话和调座位都在关注他说话这种不良行为，给了他消极的心理暗示。班主任应该选择恰当的时机，进行谈话，多以表扬鼓励为主，让孩子意识到自身的优点，继而让孩子明确下一步努力的方向。

李璐老师：上课喜欢说话的学生，要么是因为课堂不够吸引学生，要么是因为孩子本身的行为习惯差。针对第一点，就需要老师提高自己的教学能力和课堂把控能力，让孩子们意识到上课需要先倾听，该发言时再发言。可能因为小杰的思维很活跃，喜欢表达，对于控制不住自己的学生，老师一定要适当引导。可以开一个"管住自己的小嘴巴"这样的班会，教会学生如何在课堂上表达自己，给孩子更清晰的方法去管理自己。第二，如果学生的行为习惯不好，可以让他自己单独一桌，对他进行课上的引导，让他改正自己爱说话的问题。也可以给他找一个比较安静的同桌，或者找一个班级里的优秀学生，让他们坐在一起，让同伴去引导他。我教授的一年级的学生喜欢表达的有很多，也有上课控制不住自己的情况，如果同桌不搭理他，老师注意在课堂上提醒，他就会慢慢改正。

杨济谦老师：一、教育学生不是一蹴而就的，也不是一个措施或者一种方法就能解决问题的。首先我们要有思想准备，教育一个学生，特别是问题学生，需要我们持之以恒的努力。这是一个需要我们正确面对的问题，不能心急。

二、小杰的优点，就是我们教育转变他的突破口，我们应该紧抓优点，创造机会树立小杰的信心。

三、制定系列措施，用制度、环境教育小杰，在管理上下功夫。

四、表扬和严格管理相结合，一直到小杰有了自主学习、自我约束的能力，再给他提出更高的要求。

杨彩霞老师：一、首先和家长约定好，孩子如果哪一堂课表现良好，老师给予表扬鼓励，回家后家长也应该给予表扬，以正面强化孩子上课不乱说话的行为。（但是不能物质奖励，上课不乱讲话、认真听讲是每个学生应该做的。）

二、告知家长应该多陪伴孩子，利用一切机会与孩子交流互动，增进情感。比如晚饭后一起散步、亲子阅读等，也可以利用吃饭时间，家人一边享受美味一边谈心，引导孩子畅所欲言，充分表达自己的想法。

三、如果还是上课乱说，就要求他用作文的形式把想说的话写出来。

四、给他找一个安静的同桌，周围安排安静的同学，同伴互助。

贾中涛老师：思想决定行为。规范思想，引导孩子自己去思考这样说话到底好不好、对不对，是否影响课堂、影响周边同学，老师和同学对这种经常说话的行为是什么态度，思维的活跃能不能通过其他的方式表达。让学生在教师的引导下自己去思考，自己去规范自己的行为，自己去成长。

古晓利老师：上课爱说话，第一个原因可能是爱表达，却没有机会。主动找机会多让他发言，或者是夸他写作好，让他能利用这一优势参与到课堂中来。第二个原因可能是对课堂没兴趣，那就需要我们多增加课堂的趣味性。第三个原因可能是规矩意识不强，自制力也较差，需要我们帮其树立规矩意识，做好监督提醒，帮其养成好习惯。

在教育生涯里，老师会遇到各种各样的孩子、各种各样的家长，也会和自己进行很多次的和解。教育不是一蹴而就的，需要坚持不懈，耐心对待，认真思考，用智慧的方法解决问题。与孩子们相处时多思考、多发现，这样就能得出很多的管理妙招。感谢老师们的精彩发言，本期《毛毛虫说·智享教育生活》栏目就要和您说再见了，下期活动不见不散！

本期锦囊：

1. 加强课堂管理。教育不是一蹴而就的，也不是一个措施或者一种方法就能解决问题的。日常教学上提高课堂效率和课堂把控能力，增加课堂的趣味性。制定系列措施，用制度、环境教育问题学生，在管理上下功夫。

2. 因材施教。每个学生都有闪光点，这是教育转变的突破口，紧抓优点，创造机会，树立信心。课堂上多给予学生发言的机会，或者是借优点夸奖鼓励，利用自身优势参与到课堂中来。

3. 定期与家长沟通。坚持以表扬鼓励为主，发现问题及时与家长联系，学生的改变过程中，家长必须始终与老师密切配合才能促进孩子的良好改变。

品学兼优小班干　如何选拔才得力

——班主任班级管理分析（29）

在紧张忙碌的教育生活中，不断给自己充电，提升自身的教育素养已经成为虫儿们的自觉。4月7日晚上8点，河南省都娟名师名班主任工作室——毛毛虫工作坊《毛毛虫说·智享教育生活》栏目，再一次与虫儿们准时相约。

本期的题目内容如下：班长是个重要角色，选谁当班长呢？最后刘老师把目光停留在小华身上。小华的品性、威信都适合当班长。刘老师向小华讲了想让她担任班长的想法。小华却默默无语，直到最后，也没有答应刘老师。当天晚上，刘老师接到小华妈妈的电话，小华妈妈说了许多理由，拒绝了刘老师。

问题：如果你是刘老师，请问该如何处理这件事？如果你觉得小华真的应该做这个班长，又该如何和小华妈妈沟通，让她同意你的意见？

问题一经抛出，华晓娟老师率先发表了自己的看法：

一、鼓励小华当班长。如果小华当班长，对小华和班级都是有好处的，也可以使老师的管理更加得心应手。

二、物色新的班长人选，有时候适不适合做了才知道，给其他同学锻炼的机会，只有不完美才有努力和提升的空间。

三、分析个别学生不愿意当班长的原因：一是怕自己做不好，达不到老师的要求；二是怕自己在工作过程中受到来自同学的不理解、不配合等；三是怕因为承担班长职责而耗费时间、精力等影响自己的学习。这些担心都是人之常情，也可能是父母考虑的问题。

四、教师要理解学生及家长的顾虑。不要对班长这一职务有过高的要求和标准，要减轻班长的心理压力，允许他们慢慢成长，还要向小华及其家长阐述班长这个职务对个人成长及班级发展的意义等。

李璐老师提出了自己的疑惑：对于老师想让一个学生当班干部这件事，在学校，大部分的家长应该是全力支持的，孩子也是很开心的，尤其是小学生，不论是做个"灯官"还是让他做其他事情，那都是相当积极和乐意的。而案例中的小华是不乐意的，家长也是抗拒的，或许他们觉得作为班干部并不能让孩子成长，又或者是担心对学习会有一定的负面影响。所以我觉得，作为班主任，首先要了解孩子不想当班干部的原因，从原因入手，然后积极解决，并和孩子进行沟通，在班里给他信心。其次就是有一些孩子性格使然，没有责任心，不想当、抗拒当、不积极，但是案例中的小华明显不是这样的孩子，所以身为一名小学班主任，我特别想知道小华和小华妈妈拒绝当班干部的原因。

张秋香老师分享了具有借鉴意义的成功案例，解开了李老师的疑惑：我们班新任命的班长，刚开始家长和孩子也不是很同意，最后了解发现，孩子压力太大，怕干不好。这个孩子踏实肯干，但不属于特别有学习天分的那种，他也担心影响学习。最后我给他说了班长的职责，也给他配备了周一到周五的值日班长，他的具体事务主要是指导值日班长和其他班委工作……经过交流沟通，孩子也同意了。家长给我发信息说，孩子发现其实当班长并没有那么大的压力。

晁利攀老师：一、消除孩子和家长的疑虑，可能学生本人和家长都担心干不好，或者害怕与班级中其他学生发生矛盾。

二、担任班长，是为了更好地锻炼孩子的领导能力、为人处事的能力。

三、父母之爱子，则为之计深远。真正爱自己的孩子，就要勇于放手，培养孩子自我生存的能力、独立生活学习的本领。

卢娜老师会从以下三个方面说服小华的妈妈：

一、小华需要得到这样的锻炼机会。从这件事情可以看出，小华虽然品质好、威信高，但是缺乏主见。当班长，正好是一个很好的锻炼机会。

二、小华的妈妈不想让小华当班长的主要原因应该是怕耽误学习。其实当班干部和学习是互不影响的，孩子当好了班长，在同学们当中有了威信，一定会加倍努力学习的。

三、小华的妈妈也应该扭转一下思想，学习并不是一个学生的全部，学生在学校需要德智体美劳全方面发展，提高自己的综合素质，这样才能成为国家和社会的栋梁之材。

都娟坊主积极参与，认真分析：案例中，刘老师征求小华意见时，小华没有当场做出决定，可以看出，小华要么从内心不接受班长这个职务，要么是概念模糊、犹豫不决、摇摆不定、缺乏主见。后来，小华妈妈打电话说不同意小华当班长，这也可能是小华妈妈的意见。如果我是班主任，我会采取以下措施：

一、询问小华的真实想法，因势利导，有效引导，让小华正确认识当班长的锻炼意义和责任担当。

二、召开班会，让同学们都谈一谈，如何为班级服务，如何为班级做贡献，让全班同学进一步认识到班干部对班集体的重要作用，从而形成人人参与、人人为班级做事的良好氛围。

三、和小华妈妈深入交谈，了解其真实想法，并就全面培养小华的综合能力提出合理的意见和建议。

四、物色班长的其他人选。为了不伤害小华的自尊心，可以鼓励小华向新任班长学习，也可确定小华为班长的培养对象。班主任既要做好对学生的引领和教育，也要做到因材施教，尊重学生的选择。

五、可以采取班长轮岗制。人人都有锻炼的机会，也可以从中发现班干部的好苗子。

杨济谦老师：在这个问题上，我们不能忽视我们的教育引导，不能完全站在当前孩子和家长的角度。孩子需要我们给予他们更好的锻炼舞台。让孩子做班长，可以让孩子有更宽广的胸怀面对身边的人和事。能够在同龄人中间有更宽广的胸怀，这是最宝贵的，特别是未来的社会，能够团结身边人，组合一个团队，是成功的关键。

班主任工作任重而道远，需要丰富的教育智慧。每周一次的线上讨论，已经成为虫儿们获取教育智慧的重要源泉。每一次的讨论总能让人收获满满，感谢毛毛虫工作坊这个平台，感谢虫儿们的积极参与，下期活动，我们不见不散！

本期锦囊：

1. 尊重。尊重孩子和家长，耐心倾听孩子和家长的真实想法，并推心置腹地说出自己的想法，学习至关重要，但是良好的综合素质在孩子的人生路上更重要，要从小培养，让家长明白老师的良苦用心。

2. 引导。召开班会，让同学们都谈一谈，如何为班级服务，如何为班级做贡献，让全班同学进一步认识到班干部对班集体的重要作用，从而形成人人参与、人人为班级做事的良好氛围。

3. 推荐。可以在班里民主推选和毛遂自荐。小华能自荐更好，不能自荐也保护了她的自尊心，在同学的举荐下说不定能发现当班长的好苗子。

运用规则意识　处理班级"玩笑"

——班主任班级管理分析（30）

立春来临，万物复苏，毛毛虫工作坊正呈现出一派生机盎然的景象，虫儿们围绕话题展开着如火如荼的讨论。4 月 14 日，周三晚 8 点，毛毛虫工作坊《毛毛虫说·智享教育生活》栏目与虫儿们准时相约，共同讨论班主任基本功展示活动中的案例分析。

本次我们关注的案例题目内容如下：班里的小乐同学性格外向，平时总喜欢和同学开玩笑。一天下课，他趁前面的小郭同学不注意，偷偷抽掉了他的凳子。小郭不知道，一下子坐到了地面上，结果导致脊椎尾骨骨折，需要在家静养一个多月的时间，不能到校学习。虽然小乐一再表示是开玩笑、无心的，他的家长也道歉，并愿意承担小郭的治疗费用，但是小郭家长依旧因孩子受伤耽误学习感到非常气愤，到学校找到班主任要求狠狠处理小乐。

问题：如果你是小乐的班主任，你会如何和小郭的家长沟通，更好地处理这件事情？

在李璐老师的主持下，虫儿们准时展开了交流讨论。

王栋利老师首先提出了自己的观点：如果我是小乐的班主任，我会这样和小郭的家长沟通，先处理情绪，后处理事情。先认真聆听，告诉家长自己理解他的心情，并且也为这件事情的发生表示遗憾。孩子受伤了，老师也很心疼小郭，并且告诉小郭家长自己对这件事情的处理，小乐的家长已经承诺承担责任，小乐也已经知道自己错了。

其次，不要就事论事，跳出受伤的事情，解决现在的问题。小郭家长因为孩子受了伤不能到校学习感到非常气愤，老师就要答应家长只要自己能办到的事一定会尽力去做，如果不能办到的也坦然相告，争取家长的谅解。让小乐帮小郭补课，动员班级内班干部和其他同学帮小郭补课，以及每天告知小郭作业，小郭完成之后以图片的形式发给老师，让老师批改。尽量多想措施，让孩子的损失降到最小。

最后，让家长了解老师已经在班内做的工作，比如说让学生给小郭录制安慰的视频，待小郭身体好转，可以来学校的时候，让同学们进行照顾等。尽量做出能做到的、真诚的承诺。王老师的观点考虑到了家长和学生的情绪，也考虑到了学生的学习，观点条理清晰，很有见地。

马会珍老师：首先，我会先感谢小郭的家长对班主任的信任，再请家长放心，我会不偏不倚地处理这件事情。第二，作为老师我们也心疼孩子，何况是父母，我要站在小郭家长的立场上，安抚家长的情绪，理解他们的要求。第三，孩子虽然不能到校上课，但是老师和同学可以给他补课，还可以通过视频网课等其他学习方式，保证小郭同学在学习上不掉队。第四，作为老师我们也要自我反思，避免类似的事情再次发生。作为经验丰富的班主任，马老师的思路十分值得借鉴。

杨济谦老师：这个事件集中反映了学生在学校开玩笑"度"的把握问题。杨老师的观点概括了此类事件的问题根源，也给所有老师提了醒。

王卓君老师：我同意王栋利老师的做法。与家长交谈时应做到如下几点：一、先处理情绪，不能"就事论事"。二、作为班主任应该坚持一个出发点，这个出发点就是爱孩子。三、班主任要摆明自己的立场和态度。表明小乐的责任并做好说服工作，不要把事件的严重性说得无限大，否则就激化了双方的矛盾。四、让小乐以及班级代表看望受伤的小郭，录制班级慰问视频放给小郭看，表达学生对小郭的想念，期待他早日康复，借此增强班级的凝聚力。五、事后，班主任还应该通过各种渠道开展各类活动，比如以这件事为契机召开安全教育班会、制作安全教育板报等来提高学生的安全意识。王老师提出的建议具有很强的操作性，也考虑到了学生和家长以及班级管理等因素。

任熠聪老师：学生之间开玩笑引起的安全事故不在少数，应该引以为戒，防患于未然，加强学生的安全教育。

李璐老师以自己班级中发生的事为例，说道：应该引导学生如何和大家玩耍，怎样表达自己的喜欢或者是不高兴，学校是个小社会，培养学生的交流相处能力是很重要的一门课程。

李翠翠老师：首先，班主任要善于聆听。其次，问清楚小郭家长的诉求，前提是以解决问题为目的，而不是激化矛盾。

古亚娜老师说：规则意识十分必要，学生对什么能开玩笑

148

什么不能开玩笑没有界限，老师和家长要从这次事件中指出小乐的问题，引导孩子树立正确的规则意识。

韩景岫老师：班主任最应该和像小乐这样的学生的家长多方式沟通，避免类似事情再次发生，安全是最起码的教育要求。

高巧竹老师说：教育孩子以后不要再搞恶作剧，减少伤害和悲剧的发生是根本。

杨济谦老师：这件事情再一次让我体会到，安全教育无处不在。我认为解决问题的关键有两个，一个是怎么处理小乐，一个是怎么帮助小郭解决学习问题。针对第一个问题，首先要让小乐深刻地认识到自己的错误，特别是在班内开玩笑的问题。其实有很多玩笑都是不能开的，比如公开别人的隐私、给别人起外号、说别人的缺点缺陷等这类的言语玩笑；再比如这个案例中的动手玩笑，很多时候就是因为同学之间动手打闹嬉戏，最后真的打起架来。让小乐公开做出检查，深度挖掘自己思想、行为上的错误，保证以后不再出现类似的问题，并自己表态，该怎样弥补小郭的损失。这个过程就是给全班学生进行安全教育的过程，也是解决小郭家长所提要求的过程。第二个问题，就是想尽办法帮助小郭，解决他不能到校学习的问题。可以采取多种方法，学生和老师齐动员，也是提高班级凝聚力的一个重要时机。当然，这其中就特别需要班主任的沟通能力、亲和力，以及平时和家长的融洽程度。

李银娟老师：一、先安抚小郭家长的情绪，然后站在小郭的角度分析问题。我会真诚地带上一份礼品到小郭家里看望小郭，然后对小郭家长说，我很理解您的心情，这件事我是有责任的，没有教育好孩子才导致小郭受到伤害。我也很想狠狠惩罚小乐，甚至有开除他的心理，但是想到小郭是个有前途的孩子，我怕后续工作使小郭受到更大的伤害。目前他们都是孩子，是容易犯错的阶段，假如处理超过了度，引起不良后果，承担责任的不仅是我，还会连累到小郭。这样就不仅仅是耽误一个月的问题了，也许孩子将来大段学习时光都会受到影响，所以我很慎重地与您一起分析分析。至于小郭的学习您放心，每天下午放学和双休日我会给他补习功课，不会让他的学习受到影响。但是假如按您的思路来处理问题，我不敢百分之百保证不会出现问题，我担心会影响到小郭的前途甚至是人生。

二、给自己留条路。现在打打闹闹的同学，将来就是朋友、亲人，不打不相识。假如以宽容的心态看待这件事，小乐一定会自责，以后也会帮助小郭。能够多爱一个人就多一条出路，我们不要把自己逼进死胡同。

通过讨论，老师们的观点得以碰撞，思路得以拓展，方法得以分享。最后，在杨济谦老师和李璐老师的主持下，活动在大家依依不舍的热烈讨论中顺利结束，也期待下一期大家精彩的讨论和分享。

本期锦囊：

1. 先处理情绪，后处理事情。安抚情绪，理解心情，认真聆听，真诚沟通，不就事论事，要多想措施。尽量把对学生学习上的影响降到最低，事后总结反思自己还有哪里做得不到位。

2. 教育学生把握好开玩笑的"度"。引以为戒，防患于未然，加强学生的安全教育。班主任应通过各种渠道开展各类活动，比如以这件事为契机召开安全教育班会、制作安全教育板报等来提高学生的安全意识。

3. 引导学生树立正确的规则意识。告诉学生要对自己所有行为负责，在学校就要遵守校规，在班级就要遵守班规，与他人相处要遵守基本的法律法规。

4. 多爱一个人就多一条出路。同学现在打打闹闹，将来就是朋友、亲人，不打不相识。以宽容的心态看待事情，孩子将来便多了一个朋友，多了一份帮助，多了一条路。

平稳度过青春期　家校要做驱动力

——班主任班级管理分析（31）

在紧张忙碌的教育生活中，不断给自己充电，提升自身的教育素养已经成为虫儿们的自觉。4 月 28 日晚上 8 点，河南省都娟名师名班主任工作室——毛毛虫工作坊《毛毛虫说·智享教育生活》栏目再一次与虫儿们准时相约。

本周《毛毛虫说·智享教育生活》栏目继续带领大家通过分析思考发生在身边的案例，提升班主任的专业能力。本次讨论的话题，内容如下：

小乐是一个很聪明的男生，在小学里是赫赫有名的小书童，很喜欢课外阅读，但是进入初中后，他发生了很大的变化，经常与父母吵架，尤其和母亲的关系非常不好。上课不专心听讲，作业也不按时完成。他的母亲已经彻底放弃了他，甚至退出了班级群。管理小乐的责任就交给了小乐的父亲，但是小乐的父亲工作又比较忙，无暇管理。你应该用什么策略引导、帮助小乐呢？

冯会然老师首先发表了自己的看法：小乐进入初中后发生

变化必然事出有因，所以要想帮助他，第一，要了解小乐变化的原因。初中生进入青春叛逆期，与母亲关系不好，母亲必然有责任。第二，要与其母亲交谈，母亲是男孩子成长之路上不可或缺的重要引路人。第三，还要与其父亲交流一下，小乐很聪明，也爱读书，说明这孩子是爱学习的，也可从这个角度入手与他深谈，进而改变他母亲对孩子的看法，缓和母子关系。

随着讨论的不断深入，大家的思维越发活跃起来。刘丽锋老师提出以下三点：首先，与小乐的母亲沟通，想办法让她重新进入班级群，这是缓和母子关系、教育小乐的第一步，也是最重要的一步；其次，与小乐交谈，了解他的心理状况，同时告诉他，青春期不是意气用事的理由；再次，既然小乐喜欢阅读，就让小乐担任班级读书社团的团长，用优点激发孩子的动力；最后，还要与小乐的爸爸沟通，青春期的男孩儿很需要父亲的引领，孩子的成长不能等待。

李银娟老师从三方面进行了分析：首先，对小乐进行家访，了解母亲与他发生矛盾的原因，根据原因梳理策略，协调母子矛盾，恢复亲子关系是做好一切工作的基础。告诉小乐母亲，教育成功的试金石就是自己是否轻松快乐地教育孩子。其次，继续唤醒小乐的阅读兴趣。阅读是一个人获得成功的重要条件，所以抓住这个优点让他找回自己。利用先前爱阅读的优势，利用班会让学生介绍自己阅读过的好书，唤醒他继续阅读的兴趣，从励志书籍中感悟父母的爱，在书籍中获得力量和能量。然后，需要各科老师团结协作，发现小乐的进步。安全感是每个孩子的基本需求，所以各科老师的肯定会让孩子拥有归属感，然后才能有力量。

杨济谦老师：一个爱读书的孩子，变得不爱学习，甚至完不成作业，还与妈妈的关系不好，以至于妈妈退出班级群，说明妈妈和孩子之间有隔阂。首先就是解除隔阂，具体办法最好是从妈妈那里入手，为她讲解家庭教育的重要性，引导她回归教育孩子的第一线，再指导她具体的教育方法，促进母子相互理解包容，从而使家长和老师一起走上教育孩子的正确道路。其次就是要争取爸爸加入教育孩子的队伍，这样孩子和妈妈之间也会缓和很多，有时候需要多一个人起到互相沟通协调的作用。最后就应该是老师进行专业的引导了。抓住孩子的优点，多给予机会，多给予鼓励，让孩子多进步，多感觉到自己的存在感，激发他的自豪感。小乐这种情况应该是父母一个严格一个宽松导致的问题，接触问题孩子越多，就越深刻地感觉到教育的复杂性、艺术性。这就像是负责孩子吃饭一样，大人不能再像孩子小的时候，随便给他们准备一点吃的就可以解决问题。孩子越大，越需要家长认真地准备食物，多样化地准备，他才会吃得有滋味，才会健康成长。要想让他们吃一些有营养的东西，但是这个有营养的食物又不太好吃，那就需要家长在烹饪上下功夫。

李璐老师：案例中的小乐有一个大的转变，以前学习不错，喜欢课外阅读，现在学习被动，经常和父母产生争吵，而母亲放弃孩子，父亲无暇管理。首先，我们把焦点放在小乐身上，作为班主任要积极寻找小乐发生转变的原因。可以采取和小乐进行谈心的方式，如果小乐比较抗拒，可以采取书信的方式，或者是询问与小乐交好的朋友，寻找小乐发生转变的原因。在学校，可以通过小乐爱阅读这个优点，从读书开始引导小乐，鼓励他，让他在学校找到学习的乐趣，激发他的学习动力，从而提升他的成绩。其次，和小乐的家长进行沟通，寻找小乐转变的原因，寻找家庭对小乐的影响。从而告诉小乐的父母，父母对未成年子女有管教保护的义务，身为父母，不能以任何理由对孩子不管不顾，不能缺席孩子的学习成长，退出班级群、以工作为借口都是不对的，毕竟孩子的教育只有一次，错过了就补不回来。积极引导家长和小乐进行沟通，拉近彼此的亲子关系。身为班主任还要向小乐的父母推荐一些教育孩子的书籍，让他们教育孩子更加有智慧。学校开展的家庭教育讲座，也要求小乐的父母来学习。最后，小乐学习成长的阵地是在学校，召开一些拉近亲子关系、让学生学会感恩的主题班会，如"寸草与春晖""成长的烦恼""青春期遇上更年期"，教育学生正确对待自己心理上的发展变化，理解家长的做法，少冲突，学会感恩。

班主任工作任重而道远，需要丰富的教育智慧。而每周一次的线上讨论，已经成为虫儿们获取教育智慧的重要源泉。每一次的讨论总能让人收获满满，感谢毛毛虫工作坊这个平台，感谢虫儿们的积极参与，下期活动，我们不见不散！

本期锦囊：

1. 耐心沟通，营造良好的亲子氛围。青春期的孩子，在教育上，要有耐心，不能用对大人的方式去命令和管束，更不能意气用事，家长要降低自己的姿态，用一片爱心去感染他、激励他。教育孩子，父母都要参与，心平气和地与孩子沟通交流，排解烦恼，有什么事情慢慢分析，讲道理，让孩子听到心里去，自己心里明朗起来，几乎没有不成功的孩子。

2. 了解自我，主动沟通。当进入青春期后，生理、心理和情绪都会发生很大变化，有的孩子没有做好适应这些变化的准备，以至于出现了较大反差的变化。这就需要孩子们主动地去了解这些变化的原因，和父母、老师多沟通，帮助自己平稳度过青春期。

3. 老师要成为青春期孩子成长的黏合剂。老师一方面要帮助家长了解青春期孩子的特点，找到正确的相处方式；另一方面要把青春期教育融入各学科的教学当中，结合学生平时的困惑，对学生实施青春期生理、心理和道德修养的教育。通过专题教育讲座、家访、开展丰富多彩的集体活动，帮助孩子们认识自我，加强自我的控制和调节。

友谊第一比赛第二　乐观平和面对输赢

——班主任班级管理分析（32）

水本无华，相荡乃生涟漪；石本无火，相击而发灵光。5月5日晚上8点，河南省都娟名师名班主任工作室——毛毛虫工作坊《毛毛虫说·智享教育生活》栏目再一次与虫儿们准时相约。

本周《毛毛虫说·智享教育生活》栏目讨论的案例是一件在教学生活中非常常见的事情，内容如下：

庆五一运动会的拔河比赛进行到了最后关头，在最后一场比赛中，原本有希望获得冠军的三一班却没有胜出。回到班内，三一班的同学们闹起了情绪，说比赛不公平。原来三一班是刚结束上一场比赛，就进入了决赛，而对方是休息了一段时间才参加比赛的。同学们纷纷说比赛不公平，情绪很大，很多同学还伤心地流下了眼泪。

问题：如果你是三一班的班主任，你应该用什么办法引导学生正确面对这次比赛中出现的问题，如何正确看待比赛的输赢呢？

问题一抛出，马上引来了老师们激烈的讨论。高巧竹老师说：班主任一定要做好学生的心理疏导工作。既然是游戏，肯定会有输赢，比赛双方都要遵守游戏的规则。作为班主任，要从小培养孩子胜不骄、败不馁的良好心态。

李雪白老师说：比赛输了，同学们情绪激动是很正常的。作为班主任，要做的第一件事就是接纳和安抚学生的情绪，把学生的关注点从比赛结果引导到比赛的过程，引导他们关注比赛中大家团结一致、奋力拼搏的体育精神。

李银娟老师主要从四个方面来发言：

一、安抚学生情绪。老师用共情沟通技巧表示理解孩子们：老师假如是你们肯定不如你们，很可能在比赛前就会有不良的情绪。

二、用上"融进去，诱出来"沟通技巧让学生顿悟。老师头脑中有一个画面，设想一下我们去找学校说明原因重新比赛，假如我们翻盘获得第一名，我们会无比开心快乐！我们再想想除此之外还有没有不妥之处，假如分析完了没有不妥我们就这么干。同学们把你想到的不妥记录下来，我们一起讨论后再决定。预设孩子们一定会想到虽然获得第一名，但是破坏了学校计划，也耽误自己的时间，还会让别人感觉到我们没有肚量，还会破坏与对手之间的关系……老师最后对大家的分析大力赞叹，赞叹孩子们的分析智慧。假如老师是你，肯定不如你，佩服孩子们！我们要争取的不仅仅是这个拔河比赛的结果，也是优秀品质比赛的结果，假如完全为了第一名而去比赛，我们获得的小红花就失去了原有的光彩。

三、积蓄力量下学期见证风采。真正的金子被埋没只是短暂的，早晚会发出光亮，被人重视。我会给学校提建议，每次比赛次序加以调整，让比赛更加公平。

四、把最美好的赞誉送给孩子们。追求上进是孩子本性，孩子们期待被看见、被关注、被肯定，所以才有情绪。这件事体现了孩子们做人做事的格局，体现了使用头脑智慧解决问题而不是莽撞，体现了文化积淀下来的儒雅。我们用智慧分析问题的解决办法，为别人喝彩鼓掌。参与尽力就好，尽己力听天命，学会淡定平和看待比赛结果，友谊第一比赛第二，践行在口号上是普通人、在行动上是优秀人，所以为你们鼓掌！

华晓娟老师说：我会引导学生正确看待比赛。

一、参与其中，拼尽全力就是胜利。发现并表扬同学们在拔河比赛中的努力，包括手磨破了、满头大汗、大声呐喊等，只要是尽力了，结果都值得肯定。

二、比赛中正确对待"公平"与"不公平"。没有绝对的公平，公平是相对的。由于抽签、排序等偶然因素，会造成比赛中出现我们不希望发生的事，如果你是组织者你要怎样尽量避免？如果不可避免我们要不要接受？如果我们是幸运的一方因此赢得比赛，对方会做何感想？提出这些问题让同学们思考，引导同学们正确对待公平、规则，学会换位思考。

杜玉坤老师从三个方面来讨论：

一、跟孩子分享学校举办拔河比赛的根本目的是促进大家强身健体，引导大家团结一致，增强集体荣誉感。抛却不公平，我们应该朝向我们的根本目的努力！

二、公平不会绝对，就是市级、省级和国家级比赛也是如此。有休息一天的，有休息半天的，有主场优势，有训练条件差异等因素导致的不公平。如果你是学校，你该怎么办？怎么排？

三、要承认确实有不公平，孩子需要得到认可，需要表达一下不快情绪，让孩子表达出来，发泄一下。引导好，孩子很快又变得快乐满满。

杨济谦老师说：当比赛出现不理想结果的时候，特别需要老师的正面引导，不能让比赛带来负面影响。一是正确看待比赛的公平和运气，让学生正确面对比赛的胜利和失败，养成胜不骄、败不馁的良好品行和心理素质。二是看到我们团队的拼搏努力，也要分析我们的不足之处，更要看到对方的优势和长处。三是指出我们需要学习和进步的地方，激励大家继续努力。

李璐老师用自己的亲身经历来阐述：

一、作为班主任，我首先会告诉孩子们正确对待比赛结果，要知道友谊第一，比赛第二。我们参加比赛是为了更好地提升自己，而不是非要争得个一二三。心态很重要，彼此的友谊更重要，赢和输都要开开心心的。让他们主动和赢得比赛的班级互送糖果，拉近彼此的距离。

二、开一次关于挫折的主题班会，教会学生直面人生中的不如意，学会面对他们眼中所谓的"不公平"。

三、开展更丰富的活动，让孩子们尽快走出阴影，快乐地沉浸在学校的学习生活中。

王陆曼老师主要从增强集体荣誉感、没有规矩不成方圆、理性看待问题和积极面对生活四个方面来引导孩子。

最后，毛毛虫工作坊都娟坊主高屋建瓴，从以下几个方面来总结：

一、换位思考——假如我们是比赛的主办方，我们应该怎样设置比赛，才能最大限度地保证公平公正？学生经过思考、分析、碰撞、辩论，会发现比赛没有绝对的公平。当然，也许学生会设计出更合理的比赛方案，如果能被学校采纳，也一定是件很有成就感的事情。

二、坦然面对——胜败乃兵家常事。现在如此，将来也如此。竭尽全力后，能改变的事就极力改变，不能改变的事就用积极、阳光的心态坦然面对和接受。既要学会对美好的追求，也要懂得对残缺的接纳。

三、转换思维——引导学生思考拔河比赛的目的是什么。是为了丰富生活、锻炼身体、增强团队凝聚力、增强集体荣誉感，从同学们的表现看，这些目的都已经实现。

四、自我反思——说明我们自己的实力还不足够强大，如果具有绝对的优势，就不会出现因所谓"不公平"导致的一时失利。凡事多从自身找原因，才能收获更多的成长和进步。

生活即教育。作为一名老师，尤其是作为一名班主任，要有职业敏感性，要善于把生活中的事情转化为育人的契机和素材，培养孩子面对挫折的能力和良好心态，这样才能让孩子们成为德智体美劳全面发展的社会主义事业的建设者和接班人。

感谢老师们的精彩发言，本期《毛毛虫说·智享教育生活》栏目就要和您说再见了，下期活动不见不散！

本期锦囊：

1. 情绪疏导，事例引证。班主任要先接纳和安抚学生的情绪，把学生的关注点从比赛结果引导到比赛的过程，引导他们关注比赛中大家团结一致、奋力拼搏的体育精神。

2. 分析原因，直面失败。正确看待比赛的公平和运气，让学生正确面对比赛的胜利和失败，养成胜不骄、败不馁的良好品行和心理素质。

3. 转换思维，自我反思。引导学生转换思维，失败说明自己的实力还不足够强大，凡事多从自身找原因，才能收获更多的成长和进步。

接手一年级问题多　虫儿送经验建新班

——班主任班级管理分析（33）

夏日正浓，暑假是老师们放松身心的好时候，惬意的生活中，毛毛虫工作坊的老师们也没有丢下他们个人专业成长的机会。7月19日晚，河南省都娟名师名班主任工作室——毛毛虫工作坊《毛毛虫说·智享教育生活》栏目再一次与虫儿们准时相约！

本周《毛毛虫说·智享教育生活》栏目继续带领大家通过分析思考发生在身边的案例，提升班主任的专业能力。本次讨论的话题内容如下：

新学期，新初一开始了，班主任用百般热情投入到新班级的建设之中，一下课就往班里去，想跟孩子们谈谈心。却发现每次下课的时候，孩子们总会跑到其他班级去找以前的同学；而且还有学生不适应新的班集体，非常想念以前的朋友；还有的孩子认为这个班比他小学时的班差多了。

问题：如果你是初一新上任的班主任，你会怎么做？

问题一抛出，冯会然老师首先发表了自己的看法，她说道：作为新初一的班主任，在学生想念或者去找原来的朋友和老师时，不能立即制止，这样容易引起学生的反感。应该从以下几方面来做：

一、从原来的班主任处了解学生特点，但不能戴有色眼镜或思维定式去看待学生。

二、开一次班会，让每一位学生都有发言的机会，一起回顾小学生活中有意义的事情，然后畅想一下自己的初中生活，让学生的思绪回归到初中生活中。

三、为我们的新班级取一个班名，这个班名需要有个性，又具有班级特性，让所有学生都喜欢；为我们的班级设计一个班徽（可以小组合作）；一起制定班级公约。

四、为每个学生准备一个带有班徽标志的名牌戴在胸前，既方便学生之间相互熟悉，又能方便科任老师识记学生姓名。以上几个步骤可以让学生主动参与班级建设，同时也能在班级中找到存在感。当老师与同学看到胸牌一下喊出其名字时，瞬间就拉进了彼此的关系。

接着管珊老师发表自己的见解：案例中提到的问题，在我是学生的时候就遇到过。现在当了老师，面对这样的问题，的确也是一筹莫展。其实说实话，任何人在面对新环境、新朋友时都会有不同程度的不知所措和抗拒，都会寻找"熟悉感"来获得"安全感"。所以我们也应该理解孩子们这种行为。

管珊老师继续支着儿：我会选择在新学期开学第一天，新班级组建第一天，就开始入手解决。

一、按照名单提前分好组。尽量保证每个组内既有旧同学，又有新同学，这样既打消了孩子们的陌生恐惧心理，又有助于孩子们迅速建立感情。

二、利用游戏快速升温。设计一些小游戏，要有带眼神交流、有适当的肢体接触、需要小组合作的游戏。能够让孩子们在快乐的气氛中，在相互配合下快速打消陌生感。

三、改变传统的自我介绍模式。不让孩子们自己上台进行自我介绍。让他们在组内向组员进行介绍，然后以小组为单位，以介绍组员的形式，让孩子们相互介绍对方，以便孩子们熟识同学。

四、利用小纸条形式，说一说、写一写"你心中最棒的班级是什么样"。可以不对内容设限，也可以给孩子们设置几方面内容，比如同学关系、班级布置、班歌口号、班规条例等。在后期的班级管理中，孩子们写的内容一定要有所体现。

五、做好连接孩子们关系的纽带。在正常开学后，班主任老师可以和其他任课老师一起时时观察一下，亲自拉上班里"落单""组团"的孩子，和大家一起进行集体活动，比如跳大绳、投沙包等。

六、制定规则，明令禁止串班。比如，严禁任何人在没有特殊情况下到其他班级串班，否则就扣除小组量化积分或罚值日。这种串班行为，是对别的班级的一种影响和干扰。在实施各种"软手段"的同时，班里必须有与之配套的制度，才能保证孩子们在不能自律的时候有所敬畏。

程艳铭老师发言：

一、我会通过开班会告诉同学们，大家来自不同的学校，彼此陌生，有些同学可能会感到孤独，想念过去的同学，这是正常的心理。我们要积极主动地去熟悉新的班级和同学，大胆和同学搭话，热情为班级做事，比如问问他叫什么名字，大大方方向其他同学介绍自己，积极主动地去帮助同学。通过一系列的活动，你会慢慢地融入新的"大家庭"，你的朋友也会越来越多。

二、主动与老师互动沟通。把自己的学习状况跟老师沟通，有问题大胆问，老师们非常乐意与大家交流互动。

程艳铭老师教给孩子们如何去交往，不失为一种打破陌生的好方法。

王娜老师认为：人的幸福感其实来源于人际关系。因此，进入初中后，快速帮助学生建立同学间、师生间的良好关系十分关键。

一、开班会转变观念。帮助学生认识到一切事物都是不断发展变化的，怀念过去是人之常情，然而拥有开放的心态却是我们成长的必备素质。勇敢地接纳、改变才能打破旧平衡，创造新平衡。

二、做游戏增强同学间友谊。组织班级游戏，加快同学间互相认识，在游戏中减少陌生感，教给学生在交往中要本着真诚、主动、平等的原则。

三、创造机会增加师生亲密感。让老师的关心真正进入到学生心中。

四、开家长会与家长统一思想认识。只有孩子的人际关系处理好，才能促进其成长；反之，受损失的是自己的孩子以及家庭。

杨济谦老师概括：组建一个新的班级，是需要下一番功夫的。

第一，班级组建之前，班主任就要做好充分的准备。1. 尽量熟悉班级内的每一位学生，特别是姓名、学习情况、家庭情况、个人兴趣爱好、特长等。2. 学生到校入班之前，就可以通过班级群，和家长做好沟通。可以通过班级家长群，先介绍班主任、科任教师的情况，比如老师们取得的成绩、获得的荣誉，都可以先给家长们介绍，也通过家长转告给孩子，从而激发孩子对班级老师的认可。3. 班主任可以把自己对班级建设的一些设想通过家长群和家长以及孩子们做好沟通，以便尽快形成班级凝聚力。4. 班级文化的设计，可以提前发动，请每一个孩子都参与进来。

第二，精心设计开学第一天的活动，特别是第一节班会课。1. 学生自我介绍，便于学生增加对彼此的了解。2. 老师与学生的见面，主要是解决学科老师与学生之间的陌生感。3. 设计课间活动内容，可以是一些小游戏，增加团队凝聚力，消除陌生感。4. 初步明确班级规章制度，明确在校在班应该做什么、不应该做什么。5. 在充分讨论的基础上，明确班级发展目标。

第三，班级组建初期，针对学生找不到班级认同感，没有安全感、归属感等这些问题，我们可以通过主题班会、班级内的达人秀、班级故事会、兴趣小组等活动，发现班级内的优秀典型，也可以让学生讲一下原来班级的故事。在这个过程中，逐步让学生喜欢上班级，喜欢上同学和老师，建立班级轴心，让班级蓬勃向上。

陈志萍老师给出了更为具体的方案：

一、全面调查研究学生情况，了解学生的家庭情况、思想品德情况、学习情况、身体情况，以及个性心理特点、兴趣特长，了解班级组织、骨干队伍的组织情况和思想状况，并掌握各阶段的发展动态。

二、建立合作小组并定期召开小组长分享会，班主任参与分享会，详细记录并做好每周工作汇报。

三、召开家长会，加强与家长沟通，了解每个学生的生活状况，帮助和教育困难学生。

四、经常与任课老师沟通，了解学生情况，协调各种活动和课业负担，有效地帮助学生学习。

五、做好个别学生心理辅导工作，尤其是做好对后进生的教育、帮助和管理。

六、及时与家长沟通，了解学生学习状态，如实通报学生在校情况，让家长放心和满意。

七、调整学生学习心态，关心爱护学生，关注学生课外生活，指导学生参加有益身心健康的科技、文娱、社会活动。

八、与任课老师共同完成学生梦想的识别、唤醒及实现。

九、与任课老师合作完成高效团队的打造。

十、督促学生按时到位上好体育课及各类活动课。

十一、建立学生档案，做好卡片式学生管理工作，做好学生思想品德等方面的评价工作。

陈志萍老师还为我们分享了如何打造优秀班级的工作要点。打造优秀班级，建议做细以下工作：

一、确定班级总目标及个人目标，凝聚班级力量。

二、注重班级文化建设。

三、建立良好的班级管理体系。

四、确立每一期小组会议的主题和目标，定期召开组会。

五、利用团队的力量，支持每一位学生完成学习任务，帮助学生明确学习目的，端正学习态度，掌握科学的学习方法，不断提高学习成绩。

大家的讨论达到了高潮，观点不谋而合，初一接新班的全部经验尽收囊中。

最后，都娟坊主给出了"开学宝典"：

学生想念原来的班集体是正常现象。他们念老师的好，念同学的情。几年的朝夕相处，熟悉的人和事，必定会给孩子们留下深刻的记忆。作为初一新上任的班主任，为了让学生尽快熟悉新环境、适应新生活、融入新集体，我会这样做：

一、秀出大家长。班主任是班集体的核心人物，班主任一旦树立起威信，这个新班级就立刻有了主心骨。所以，我会想方设法把"我"精彩地展示给全班同学，比如讲自己的故事、秀自己的才艺、表自己的决心等，争取新同学的快速认可和接纳。

二、记住我的孩儿。我会以最快的速度记住所有学生的名字，了解每个学生的基本状况，包括性格、爱好、家庭等，让所有的孩子都感受到自己被宠爱、被关注、被"盯"上了。

三、认识新伙伴。召开一次"新人新家新环境"的主题班会，让全班同学敞开心扉、坦诚交流，鼓励大家全新介绍自己，真诚认识对方。

四、消除陌生感。开展各种破冰训练和趣味活动，营造和谐、温暖的家庭氛围，消除新同学之间的陌生、隔阂和戒备。

五、组建班委会。班干部是一个班级的中流砥柱、骨干力量，把德才兼备的班干部推选出来，就可以实行班级网格化管理，让每个同学"人有所归，心有所属"，安居就能乐业。

六、人人有事干。让每个同学都认领一项班级工作任务，让每个学生都有为班级做事情的机会和平台。培养学生的责任意识、家园意识，增强学生的归属感、安全感、责任感、荣誉感。我相信，通过一系列有温度的措施，孩子们一定会迅速爱上这个新家。我也相信，只要老班用心用情，管理的智慧就能层出不穷。

研究、实践、总结、提升是班级管理专业化的必然要求，也是班主任专业化成长的必走路径。接手一年级会面临很多挑战，也会有很多意想不到的状况，但和孩子们渐渐熟悉，一起成长的日子是不可复制的。第一个月尤为重要，也是考验班主任智慧和能力的关键时期，只要思想不滑坡，方法总比困难多。新一年级的班主任很辛苦，也是最棒的！

本期锦囊：

1. 最短时间记住学生，最快速度了解彼此。利用姓名牌等方式记住学生姓名。全面调查研究学生情况，了解学生的家庭情况、思想品德情况、学习情况、身体情况，以及个性心理特点、兴趣特长，了解班级组织、骨干队伍的组织情况和思想状况，并掌握各阶段的发展动态。开设主题班会，互相了解，互增情感。

2. 设法拉近彼此距离，利用游戏快速升温。设计一些小游戏，要有带眼神交流、有适当的肢体接触、需要小组合作的游戏。能够让孩子们在快乐的气氛中，在相互配合下快速打消陌生感。

3. 根据学生优点特长，组建得力班委会。班干部是一个班级的中流砥柱、骨干力量，把德才兼备的班干部推选出来，就可以实行班级网格化管理，让每个同学"人有所归，心有所属"，安居就能乐业。

毕业班无助的学生　坚守下温情的老班

——班主任班级管理分析（34）

窗外的雨下个不停，也抵挡不住毛毛虫工作坊的老班们假期总结、提升自我的热情。7 月 21 日，毛毛虫工作坊《毛毛虫说·智享教育生活》栏目与虫儿们准时相约。

本期的案例答辩题目由濮阳市第十中学的王丹老师提供。案例题目内容如下：

进入初四，临近毕业，班里有好几个学生竟然产生了放弃的念头。他们最直接的表现就是上课睡觉，课下作业随便写写，应付老师，应付家长。找他们谈话，他们也很委屈："老师，不是我们不学，是现在初四了，学不会了……""老师，我妈说了，就让我熬到毕业就行……"他们的表现，与班级内大家积极学习、努力拼搏的氛围很不相称，也对班级的学习风气有很大的负面影响。

问题：如果你是班主任，面对这几位学生的表现，你会怎么做呢？

本期话题在李璐老师的带领下，展开了如火如荼的讨论。

最先发言的是刚送走毕业班的王娜老师：初四出现这种破罐破摔的现象在差生群中很普遍。针对这种现象，我的做法是——

一、理想信念是成长成才的关键。引导学生将眼光放长远，树立做正确的事、正确地做事的原则，不苟且，不虚度。

二、个性化安排学习任务，只要在努力，肯定有成长。

三、树立身边榜样，同学间互相鼓励。

四、寻找个人优势，定位班级角色，找到班级存在感。

五、与家长统一思想，立足未来，不抛弃、不放弃，关注孩子全方位成长。

紧接着原初四年级主任李艳丽老师根据自身经验发言：进入初四，临近毕业，班里难免有部分学生产生放弃的念头，这时作为班主任，我会这样做——

一、仍然保持一颗生生平等的心，关心、爱护这些学生。因为这些学生最为缺乏爱，最难得到信任，所以我们更要关注这些学生，并且用行动而不仅仅是语言去感染他们。

二、善于发现他们的进步，放大他们的"闪光点"，找到合适的机会在班级大力表扬，让其在班级找到存在感，能为班级做自己力所能及的贡献。

三、文字书信是最好的交流方式。

四、培养学习兴趣的同时提升其学习成绩，以点带面。

五、开展主题班会，让学生自己制定成长目标。给学生看励志电影，用多种形式激励他们。

六、家校携手，提醒家长，父母是最不能首先放弃的人。在家长面前或电话中提及孩子的进步，让家长也提高对孩子的关注度，增加内心的期望值。

七、适度要求，为他们制定合适的目标，让他有"跳一跳，摘到桃"的感觉。

总之，老师的不放弃、约谈、书信等方式总会让学生感受到老师的用心。

李银娟老师：这类学生主要是没有自信心，也没有优秀的成绩才会出现这种心态，所以要给这些学生积极的心理暗示。具体做法如下：

一、单独谈话，给学生积极的心理暗示。先安抚学生的浮躁情绪，告诉学生相信自己，给学生准备一个相信自己能够成功的案例，让学生从故事中受到触动。

二、让同组同学给他们积极的心理暗示。比如，小组活动时让他们先发言，其他同学及时给予帮助，及时给予他们认可，从而建立学生的自信心。

三、小组汇报采取点讲方式。小组交流完进行汇报时，让学生点讲发言，也提前约定好让这几个学生发言，老师根据发言情况继续给这些学生以积极的心理暗示，继续建立自信心。

四、利用检测打分技巧建立自信。教师可以出一些答案开放、主观性强的题目，每道题目分值尽量高一些，给这些学生打分时有意打高，建立学生自信。

裴慧莹老师：临近毕业，有的学生会产生放弃的念头，我认为，究其原因，是他们看不到努力后有任何成功的希望。这时候就需要我们老师来多方位地定义"成功"的概念。对于有的学生来说，目标是700分，可有的学生目标是500分就已经是很大的进步了。我们切不能把"考不上市一高就对不起这么多年的努力，就没有未来"诸如此类的话讲给学生听，要根据他们的实际情况制定目标。

李璐老师：我想起了都娟坊主的一句话，中考不是人生的全部，但是值得我们全力以赴。初四的日子很苦，但是精神食粮不能少，可以开个主题班会谈谈理想和未来，看个主题电影，激励一下大家。最主要的还要做到以下几点：

一、以长补短，鼓励为主。面对学习动力不足的学生要以鼓励表扬为主，即使是点滴进步，也应及时给予充分肯定，让他们也能感受到成功的喜悦。转化这些学生不能急于求成，更不能简单粗暴，随意惩罚。上课时遇到简单的问题多给他们机会，多用闪光的语言激励学生，通过疏导促使后进生积极向上。同时在班内开展"一帮一""同桌互助"的帮扶小组，多开展一些适合学生特点的竞赛，以激发后进生学习的兴趣，让学生在问中找到乐趣，享受进步的喜悦。

二、关爱每个学生，唤起他们学习的愿望。针对学习比较吃力的学生，教师要加倍地爱护和关心，细心发现他们身上的闪光点。

三、作业设计，因人而异。作业不要统一布置，要让不同的学生写不同的作业，从而从中受益。作业分层次布置，使他们选择适合自己的题目，从而达到一定的效果。

四、教给他们一些有效的、便于操作的学习方法，让他们慢慢进步。

李璐老师最后总结道：教师要施以爱心，有锲而不舍的精神，不断帮助学生树立学习的信心，在实施过程中，视学生的变化改变策略，及时调整，一切以学生的变化提高为着眼点。

杨济谦老师：作为初中毕业班的班主任，必须时刻注意到班内每一个孩子的学习状态和思想动态，老师的眼睛应该时刻注意学生的表现，一定要眼中有人。针对这种情况，他的办法是：

首先，为每一个学生树立目标。我们应该意识到，班内的学生学习成绩各不相同，所以当我们提到毕业话题的时候，一定要注意不要只说成绩好的孩子的出路，应该照顾到每一个学生，让每一个学生都感到有前途有希望。

其次，为每一个学生找到榜样。为学生找到有相同遭遇，但在初四年级开始努力最后实现逆袭的典型事例，为这部分学生找到模范引领。

再次，和每一个学生做好沟通。不能因为成绩不好，就忽视这部分学生。他们是班级不可分割的一部分，我们不能让任何一个学生掉队，所以深入沟通，兴趣爱好、发展方向、学习方法、家校共育，都是我们和他们聊天的话题。经过了解之后，为每个人量身定制各自的学习策略、发展目标，让他们融入班级奋斗的大军。同时，要找到每一个学生的优点，用优点带动他们学习。并且，要学会调动每一个家庭的积极性。因为学生的学习情况不同，在班内统一辅导难免会有难度，所以，调动家庭的积极性，让家长也积极行动起来，参与到学生的学习指导中，各自采取有针对性的方法，就会取得很好的效果。

最后，为每一个学生搭建一个平台。学校或本年级都应该设置不同的鼓励办法，及时表彰这类学生的进步，给予认可和鼓励。总之，多策并举，只要真心关爱这部分学生，为他们的未来考虑，他们一定会理解，也会回报给我们一个惊喜。

接着，冯喜玲老师说：古语曰"亲其师，信其道"。师生关系会直接影响学生的学习态度和学习积极性。当师生关系融洽时，孩子们觉得老师喜欢他、欣赏他，学起来也就会很有热情。老师也要经常换位思考，多鼓励孩子进步，帮助孩子端正学习态度，这样孩子才能尽快从厌学情绪中走出来。走过初四的日子，越来越感觉学生能真正懂你是一种幸福，你的一个眼神就让学生瞬间明白你的用意，这种默契很珍贵。

王静老师：对于毕业班的学生，我最想说的一个词就是"走心"。如果老师"走心"，你会不自觉地早来晚走，你会不自觉地想去看看他们的学习状态，你会不自觉地想要检测他们是否进步，你会不自觉地对他们微笑，你会不自觉地想要给予他们更多，他们已经在你心上。如果学生"走心"，他们会比你想象的更加努力，他们会想尽一切办法证明给你看，他们也会用行动取得让你意想不到的惊喜。心与心的交流比任何虚情假意都要见效。教育不能有任何虚的东西，因为我们面对的是活生生的人。做真教育，做有心人。别光说，做给学生们看，才能让他们"走心"。

最后，都娟坊主做出了教科书式的总结性发言：立足学生的长远发展，着眼学生的一生成长，不放弃、不抛弃任何一个学生，努力让每一个学生都成为最好的自己，这是老师的职责所在。面对班里几个"自暴自弃"的孩子，可以这样做：

一、融洽师生关系。"亲其师，信其道"，用自己的智慧和真诚，打开学生的心门，倾听真实的声音，寻找问题的根源，把脉问诊，对症下药。

二、做好思想工作。时刻保持成长的态势。今天比昨天进步了，明天比今天更好了，每天进步一点点，让成长永远在路上。认真生活是一种态度。中考只是眼前的事情，而人的一辈子很长，不管在什么时候，都应该认真过好每一天，认真做好眼前事。认真是一种态度，也是一种品质。中考是挑战、检阅自己实力水平的机会，也是一次自主做出人生选择的机会。中考虽然不是人生的全部，但中考值得我们全力以赴。努力了一切皆有可能。初四还有一年的时间，只要努力，还不算晚。在这365天里，随时可能会跑出几匹黑马。是谁呢？让我们拭目以待！重新定义成功。什么是成功？战胜自己就是成功。

三、量身定制方案。根据学生的实际水平和基本功底，规划设计适合他们的学习方案，分层次定目标、压任务、留作业。同时还要教给学生科学有效的学习方法，让他们在原有的基础上切实有所进步、有所获得，以此来增强他们的成就感和自信心。

四、发挥团队力量。召开主题班会，让同学们谈理想、话未来、寄希望、思人生，同龄人的劝导也许能一语惊醒梦中人，同伴互助更容易被同龄人认可和接纳。

五、鼓励为班做事。鼓励全班同学人人都为班级尽一份力，强化学生的集体荣誉感，增强团队的凝聚力。让每一个学生都在集体中找到自己的存在感、责任感和价值感。

六、讲述逆袭故事。用身边的榜样和活生生的例子激发学生的斗志，告诉学生任何时候都不能轻言放弃，关键时刻咬牙坚持是一定管用的。只要拼搏，就有成功的可能，但如果放弃，必将一事无成。

从我们的讨论中，可以看到老师们对教育的热情，对学生的真诚，每一位老师都秉承着"每一个孩子都有一个不可估计的未来"的理念，用自己的青春书写着自己的教育之歌。每一个孩子是一个家庭的希望，老师们始终在托起希望的梦想。

感谢每一位老师的发言，感谢都娟坊主对每一位发言的老师给予的肯定和鼓励。学习、追梦、蜕变，我们一直在路上，下期活动，我们不见不散！

本期锦囊：

1. 融洽师生关系，走进学生内心。要多与学生谈心，多给予关心和鼓励，老师的一个眼神、一个动作都可能促使学生端正学习态度，让他明白在学习乃至生活的态度上只要努力就能接近成功，只要开始一切皆有可能。

2. 发现学生闪光点，帮助学生建立自信。让每个学生都得到成长进步，每个学生都有所发展。找到学生的优点，以此为着手点，让他们建立学习自信、交往自信，为班级建设添光彩。

3. 作业分层布置，目标量身定制。根据学生的实际水平和基本功底，规划设计适合他们的学习方案，分层次定目标、压任务、留作业。同时还要教给学生科学有效的学习方法，让他们在原有的基础上切实有所进步、有所获得，以此来增强他们的成就感和自信心。通过简单的基础学习，让其感受能学会的乐趣，在班级中找到存在感。

4. 给予方法指导，推进学科学习。向学科老师或同学寻求帮助，给学生提供基本的学习方法，培养学习兴趣，以点带面促进成绩提升。

5. 发挥榜样力量，带动个人成长。寻找班级里的榜样，让榜样带动个人成长进步，团队力量带动个人成长。

青春期"懵懂"小烦恼　各老班暖心出奇招

——班主任班级管理分析（35）

　　暑假是我们身心放松的好时候，也是个人专业成长的宝贵时间。7 月 24 日晚上 8 点，河南省都娟名师名班主任工作室——毛毛虫工作坊《毛毛虫说·智享教育生活》栏目再一次与虫儿们准时相约。

　　本周《毛毛虫说·智享教育生活》栏目继续带领大家通过分析发生在我们身边的案例，提升班主任的专业能力。本次的案例答辩题目选自河南省班主任基本功大赛，案例题目内容如下：

　　班级里的女生小 A 近些天目光游离、精神恍惚。在班主任的询问下，小 A 说出实情：外班一个男生两个月前开始追求自己，考虑到学习压力，她直言拒绝了。这两天无意中听说此男生追求到了另一个女生。得知这个消息后，小 A 却不由自主地感到失落，无心学习……

　　问题：如果你是班主任，你该如何帮助小 A？

　　问题一抛出，虫儿孙素伦老师首先发表了自己的看法，她说道：我会将我上学时的照片带到学校，顺便编一个美丽的谎言，告诉小A我也有同样的经历，我也像她一样拒绝了那个男生，还坚持将重心放在学习上，大学毕业后遇到了现在的爱人，生活很幸福。再给她讲一些成功与机会的故事，告诉她，错过的机会就再也找不回来了，引导她抓住现在，提升自己，好好学习，为将来成为更好的自己而努力。

华晓娟老师的看法是：首先，建立信任。小A能和老师说出自己的心事是对老师的信任，一定要让她知道老师会为她保守秘密并对她的信任表示感谢，表示愿意和她聊一聊初中生情感的话题。

其次，沟通所想。先让她说一说自己情绪和行为的变化，说出自己的真实想法，再和她一起分析产生这些变化的原因。先肯定她的想法和做法是正确的。同时帮她分析，发现男同学喜欢别人后，自己产生困扰的深层原因是什么？是自己也有些喜欢这位男同学？还是习惯了被关注、被喜欢的感觉？或者是其他原因？只有真正分析出原因才能更好地解决问题。

最后，进行疏导。告诉她，产生情绪困扰是正常的，每个人都会出现情绪困扰，大家也都是在不断地解决情绪困扰，这样才能成长，表示出对她能够解决问题的信任，也随时欢迎她继续和老师探讨此类问题。

紧接着，卢娜老师积极发表了自己的见解，她说：进入青春期的孩子肯定会面临这样的问题，尤其到了初二、初三年级。若我是小A的班主任，我会采取以下方法：

一、召开主题班会，让孩子们知道如何正确地看待早恋的问题。告诉孩子如果进入了青春期出现恋爱倾向或者对异性产生好感，都是心理以及生理发育过程中的正常现象，不需要过于焦虑。用正确的价值观来引导孩子们如何控制自己的言行和思想，从而克制自己的恋爱冲动。

二、找小A单独谈话或者给她写一封亲笔信。用一些事例告诉她现在主要的任务是学习，努力让自己变得更优秀，将来才能遇见更优秀的男孩子。

三、若有必要，会和她的家长进行沟通。提醒家长在家里多关心孩子，关注孩子的思想变化，尽可能多给予孩子爱与温暖。如果孩子能从父母那里得到足够的关爱，发生早恋的几率也会小很多。

随着讨论的不断深入，大家的思维越发活跃起来。鲁婷婷老师的想法是：

一、与小A进行一次深入沟通，交流时要关注小A的情绪变化，从积极的角度帮助小A树立正确的恋爱观，引导她认识到现在的重心要放在学习上，让自己变得更优秀，以后才会遇到与自己同等优秀的人。

二、及时和小A的家长沟通，让家长正确看待这件事，在家要多多关注孩子的状态。

三、在接下来的日子里，和小A用书信或周记的方式，保持交流，及时关注她后续的情绪变化。

李璐老师认为：喜欢美好的事物，欣赏漂亮的人，留恋美好，这是人们很正常的情感反应。正值青春期的孩子互生爱恋很正常，老师和家长都要用平和的心态对待，同时更要积极引导。继而阐述了她的想法：

一、明白早恋不是错。这是一件就像树要发芽、长枝叶、开花结果一样自然的事情，作为班主任应该和小 A 及其追求者进行反复沟通交流，理解尊重他们，但是要明确现阶段以学习为主的思想。告诉孩子们把喜欢化为动力，而不能成为耽误彼此的阻碍，这样才能收获最好的自己。

二、主题班会来引导。召开班会，比如以"成为优秀的自己""世界如此精彩""苦涩的果实"等为主题，引导孩子放开眼界，把关注点转移到充实自己上来。引导他们正确对待自己的"喜欢"和"爱恋"，教会他们如何处理自己的情感问题。并明确规定，任何人不能做违反学生行为规范的事情。

三、时刻关注学生动态。在班级里，关注每个学生，时常表扬进步学生，推选出来学习优秀的孩子，用榜样力量带动班级，让孩子们把注意力转移到学习上，让他们比学习、比能力、比进步。

接着，颇有带班经验的李桂青老师表达了自己的看法。她说：既然小 A 能敞开心扉告诉你心声，那就做孩子的真心朋友吧，为她解开心结。但要告诉小 A，既然外班的男生都能喜欢她，说明她很优秀，她的拒绝更能说明她是个理智又懂事的孩子，能在该学习的年龄以学习为主。男孩"移情别恋"，她的失落也是情理之中，说明男孩也有值得欣赏的地方。等她慢慢长大，考进理想的大学，就会发现还有更优秀的男孩，鼓励她继续努力，表达出老师对她的信任和祝福。其实这就是早恋具有的朦胧性和不确定性。甚至可能后来小 A 是有点"醋意"地开始暗恋了。教师不能躲避，更不要有一棍子打死孩子的这种心态，暗恋有时也有它美好的一面，心中默默保存这份感情，也许会激励孩子不断积极向上。所以在处理学生早恋问题时，一定要把握一个度。李老师语重心长，言辞中处处饱含温情。

针对这个问题，李雪白老师指出：

一、班主任首先要做的就是与学生建立信任关系，帮助学生处理负面情绪，排解压抑内心的苦闷，让学生感觉到自己是被老师理解和接纳的。

二、善用倾听，引导学生倾诉，并进行合理的宣泄。比如让学生用哭泣或写信的方式把不满情绪都表达出来，以此帮助学生舒缓压抑的情绪，平复心情。让学生感受到老师的心理支持和安慰，就是对学生最及时的帮助。

三、在班上多开展活动，吸引其注意力。并及时召开班会，引导学生将青春期的恋情放到人生长河中看待，规划人生，确立目标，培养学生积极阳光的心态，实现人生价值。

晁利攀老师提出以下观点：

一、肯定小A同学的正确果断的决策力，能够在学习和恋爱之间放弃谈恋爱选择好好学习，说明小A本人志向远大，有正确的人生观、价值观，明白在人生的具体阶段该做正确的事，拥有高度的自律能力。只要找准人生的方向，就会一直朝着目标的方向前进。哪怕中间会有一些诱惑或是绊脚石，自己也可以巧妙化解。

二、当小A听说这个男生追求到其他女生，心中有些沮丧，换位思考，每个人都希望得到别人的肯定、赞许、好感或是爱慕，从侧面说明小A很优秀。但更应该看到一个事实，当小A拒绝后，这个男生很快追求到另一个女生，说明这个男生的意志力不够坚定，容易朝三暮四，并不是人生伴侣的合适人

185

选。同时也能帮小 A 看清楚这个男同学的为人处事、思想性格。这样的同学是不值得为其难过悲伤的。所以小 A 在整件事情中是没有错的，为什么要让自己难过悲伤呢？生气是拿别人的错误惩罚自己。

三、召开主题班会，帮助学生端正态度，树立正确的价值观。尽力帮助如这个男生一样的一部分同学，鼓励同学们树立远大理想和坚定信念，正确处理男女同学的关系，正确处理学习和谈恋爱的关系，正确处理现在的事业和未来的爱情的关系。只有现在刻苦专心学习，将来足够优秀，才能真正让你爱的人幸福。

四、在家长会上旁敲侧击地提及这个话题，强调父母的重要性。父母是孩子在成长过程中不可缺少的导师，也是孩子接受青春期教育最理想的人选。孩子从出生的第一天起就在父母的关爱中长大，所以当孩子进入青春期，父母要及时发现孩子的各种问题并且以正确的方式引导。不仅有意想不到的效果，也能避免孩子因为极端想法而做出伤害自己的行为。晁老师的观点具体充实，充分展现了教师在教育中发挥出来的积极的引导作用。

最后，都娟坊主指出：青春期的孩子可能会出现"早恋"现象。正像案例中的小 A 同学，孩子的情感比较懵懂，恋爱观比较模糊，如果没有正确引导，很容易影响情绪，甚至造成身心伤害。如果我是班主任，我会这样做：

首先，肯定并表扬小 A 是一个行为自律的孩子。人在不同的年龄阶段有不同的目标任务，具体做事时既要符合生命成长规律，也要懂得该年龄段应该承担的义务和责任。在学生时代，应该专心致志学习科学文化知识，提升个人的综合素养，获得适应终身发展和社会发展的必备品格和关键能力。任何违背成长规律的做法，都要付出惨痛的代价。

其次，客观评价男生做人做事的原则。帮助小 A 冷静处理、理智分析：这个男同学的做法，暴露了其不恰当的价值观，不但心理不成熟，而且缺乏责任感，这种朝三暮四、移情别恋的做事态度，不值得信任和留恋。

第三，召开"如何与异性正常交往"的主题班会。主题班会可以围绕三个问题展开讨论：1. 早恋有什么危害？2. 有异性朋友追求你怎么办？3. 身边同学中出现早恋现象你会怎么做？打开天窗说亮话，正视问题，剖析问题，深刻反思，适时修正。

第四，经常性开展人生理想信念教育。青少年要树立远大目标，坚定理想信念，拥有家国情怀，懂得感恩社会，立志报效祖国。教育学生从小要立大志、立长志、立远志。

第五，家校携手，共同发现问题，及时沟通。教师和家长都要具有教育敏感性，随时发现孩子的细微变化，采取恰当措施，正确引领，悉心指导，科学教育，防患于未然。

早恋问题普遍存在，班主任应该用善待之心对早恋学生多加关爱，要以冷静的态度、理智的情感、恰当的方法对孩子的早恋行为及其引起的不良情绪进行有效疏导。班主任工作任重而道远，需要丰富的教育智慧。每一次的线上讨论总能让人收获满满，感谢毛毛虫工作坊这个平台，感谢虫儿们的积极参与，下期节目，我们不见不散！

本期锦囊：

1. 与学生做朋友。找学生单独谈话或者给她写一封亲笔信，用一些事例去感化她，让她明白只有自己变得更优秀才是最好选择。

2. 召开主题班会。让孩子们学会如何正确地看待早恋的问题，引导孩子们学会如何控制自己的言行和思想，学会克制自己的恋爱冲动。

3. 家校合作共育。若有必要要告诉孩子的父母，让家长在家里多关心孩子，关注孩子的思想变化，尽可能多赋予孩子爱与温暖。

4. 树立班级榜样。在班级里，关注每个学生，时常表扬进步学生，用榜样力量带动班级氛围，让孩子们把注意力转移到学习上。

5. 开展人生教育。青少年要树立远大目标，坚定理想信念，拥有家国情怀，懂得感恩社会，立志报效祖国。教育学生从小要立大志、立长志、立远志。

智慧化解“小团体” 强化班级大家庭

——班主任班级管理分析（36）

暑期过半，毛毛虫工作坊的虫儿们利用暑假好时光，认真规划、学习，他们积蓄力量，慢慢成长。7月26日晚8点，毛毛虫工作坊《毛毛虫说·智享教育生活》栏目与虫儿们准时相约。

本期案例是由濮阳市第十中学王老师提供的。案例内容如下：

进入初二以后，在学生小A的周围逐渐聚集了几个学生。他们在学习上都不太认真，下课后就聚在教室内外一起聊天，放学后也经常一起出去玩，有次甚至有意无意地一起欺负一个小学生。慢慢地他们形成了一个“小团体”，小A无形中成了这个群体的领头人。面对这个成绩不好不坏、小错常有、大错不犯、相互之间联系紧密的团体，班主任王老师觉得应该对他们进行更好的教育，但是又觉得无处下手。

问题：如果你是王老师，该怎样引导这样的小团体走向健康的成长道路？

189

这个问题很多班主任都曾经遇到过，大家深有感触，所以案例一发，大家随即展开了热烈的讨论。

李银娟老师首先发表了自己的见解：分析小 A 同学，是一个有影响力、人缘比较好的学生，所以他的发展对整个班风形成至关重要。假如我是班主任，我会从小 A 入手，做好以下几件事情：

一、与小 A 建立和谐的师生关系。我会利用一切机会让小 A 多接触我，让他成为我的小助手，并且找机会给他积极的心理暗示，暗示他将来是个有作为的优秀孩子，让他对班主任有好感，为以后的教育做好铺垫。

二、帮助小 A 在学习上更进一步。利用小 A 帮助自己的机会，也在学习上帮他一把，同样利用一切机会给他积极的心理暗示，暗示他在学习方面也会更加优秀。课堂上多提问他，面对全班学生给他肯定、欣赏，让他体会到学习的乐趣，让他拥有成就感。追求上进是孩子的本性，当他在学习上拥有价值感、成就感的时候，他就会拥有正能量，就不会偏离方向。

三、与该生家庭联系，积极配合。我会把孩子在学校表现好的地方积极告诉家长，并且让家长给孩子肯定、欣赏，让孩子拥有能量。

四、与各科老师协作。让各科老师给予小 A 特别的关爱，并且让他品尝到学习上的乐趣，给以肯定，形成合力让孩子有力量。

紧接着李璐老师依据自身经验发言：针对班级里的小团体，对于组团学习、积极向上的团体可以不做干预；而对于组团玩耍、欺负学生、对班级风气产生不良影响的一定要及时干预。

第一，观察团体活动，找到团体"领头人"。一个团体的设立都会有一个领头人，领头人对这个团体的影响很重要。找到小 A 了解情况，看他对这种团体活动有没有什么看法，对他进行引导，让他成为正能量的榜样，带领大家前进，规整他们的行为，引导他们把心思放到学习上。

第二，从团体成员入手，做好沟通交流。理解他们喜欢交朋友的心情，但要告诉他们朋友之间应该互相帮助，团结友爱，我们整个班级里的所有学生都是一家人。动之以情，晓之以理，让他们明白搞小团体会让学生孤立他们，对他们的学习和社交都会产生负面影响。让他们明白利害，主动脱离小团体。

第三，召开主题班会，比如"向校园欺凌说不""同心同力，共筑美好班级""你好，我的朋友"让学生明白什么是校园欺凌行为，对校园欺凌说不，教育他们把班级当家，把同学当亲人，团结友爱。教会他们用正确的交往方式交往，让友谊健康发展，杜绝不和谐的团体行为。

第四，和家长沟通交流，多关注学生动态。家长要了解学生的生活习惯，熟悉孩子的交友圈，及时和学生进行沟通引导，有问题和老师反映，比如孩子每次回家都很晚，或者最近情绪不太好，疏于沟通管教也会助长孩子的团体行为。

第五，举办有益的户外活动，增强集体荣誉感。多举办一些户外活动，比如拔河比赛，或者足球比赛、辩论赛、讲故事大赛等，让学生彼此更加了解，向优秀的同学看齐，向优秀的同学学习，让所有学生融入一个积极的和谐的班级氛围中，小团体自然就会消失了。

王栋利老师结合自身班级管理经验说：一、多方沟通，有的放矢，开展核心人物的教育转化工作。一定要深入了解小 A 同学的性格特点、家庭背景。与家长沟通，了解他在校外的情况，寻求家长的帮助和支持。了解以后就跟核心人物直接沟通，引导分析他的行为可能对自己、他人和班集体造成的影响，提高他的认识。

二、适当对这个小团队表达关注和期待，引导其向积极方向发展。班主任要在学习和生活方面多关注他们，与他们一起协商制定具体的、能够达到的学习和发展目标，将他们的兴趣和爱好引导到学习上。并发掘团队成员的优点，鼓励他们在班级活动中适当表现自己，建立自我效能感，从而向积极方向发展。

三、相信"相信"的力量。不给他们贴上消极的标签、负面的标签，因为这些孩子会在消极标签的刺激下变得更加叛逆。希望他们变成什么样子，就给他们贴上相应的正向标签。比如小 A，作为核心人物，肯定有他的优点。给他贴上"能干"的标签，让他发挥自己的优势，带领他的小伙伴走向正确的方向。

四、鼓励组建积极上进的小群体。非正式群体之所以存在，是因为它满足了孩子们的需求，能让他们感到被接纳，提高了交往能力，丰富课余生活。所以老师要引导学生组建积极上进的小群体，比如说读书会、写作社团等类型的小群体。之后搭建平台，给学生展示的机会，引导学生良性竞争。这样小 A 的团队也可以慢慢走上正轨。

管珊老师很具思考力地提出自己的解决思路：

一、切忌盲目拆散，争取合理利用。也许我们看到这样的小团体往往想着如何尽快拆散他们，其实换个角度想，如果我们能够将这个小团体利用起来，何尝不是一份班级的力量呢？我之前带的班里有个我组建的小团体叫"雷锋小组"，里面的孩子基本上就是这种大错不犯、小错不断、成绩中等、积极热情的孩子。他们在班级甚至是年级的很多事务中，都发挥了不小的作用。

二、找出团体核心，解开团体秘密。和小 A 聊聊，这个小团体是怎么形成的，他是否享受这种被簇拥的感觉？他的小伙伴们都有什么特点？他对现在的状态是否满意？他对团体、团队、团伙这三个词如何理解？当小 A 能够和你一起畅聊这个小团体时，就是解开团体秘密的时候。

三、及时召开班会，促进班级团结。班级里有小团体正常，但是要让孩子们明白小团体存在的真正意义是什么，是为了更好地进步，是为了更快地成长。要让孩子们知道，不孤立、不排斥、不嘲笑、不欺辱是与人交往的基本要求；而同一个班级的兄弟姐妹，多帮助、多鼓励、多协作、多团结才是利人又利己的选择。

四、尽量多方交流，多处借助力量。除了跟小 A 畅聊，我们也不妨找一找这个小团体中的其他孩子。除了班主任自己处理，我们也应该了解一下，哪些任课老师在这群孩子心中比较有威信，让任课老师一起参与处理，要知道，有的时候，他们出马可比班主任效果好多了。更有必要的是和家长配合，了解孩子们所处的家庭氛围，了解孩子们在家与在校的不同表现。

呼吁家长一定要有特意为孩子留出的相处的时间和空间，让孩子们在充满关注和关爱的氛围中成长，当他们收获爱，才知道如何去爱别人。

杨济谦老师提出了自己的四点思考：

首先，全面了解，深入调查。从多个方面深度了解这个小团体的情况，尤其是领头人小 A 的情况。小 A 能成为领头人，肯定有他的优点，要注意发现他们的优点，了解他们能聚在一起的原因。

第二，正面引导，模范引领。采取主题班会或者故事会等形式，讲述优秀团体的奋斗故事，特别是中国的"两弹一星"元勋、抗疫英雄、疫苗研发团队、航天英雄等，从正面鼓励他们朝着正确的方向发展。

第三，有的放矢，攻克难点。要转变这个团体，需要有的放矢，各个击破，那么首先就要了解领头人。经过了解之后，采取有针对性的策略转变他。根据他的优点，可以赋予他重要的任务，为他树立目标。但是也要侧面点明他的问题，以示警告。不断为他创造树立正面形象的机会，鼓励他引导其伙伴一同进步。针对其他几个同学的情况，采取不同方法，引导他们朝着好的方向发展。

第四，严密注意，安全第一。作为班主任，安全管理的意识应该时刻铭记，在没有完全转化之前，应该及时和家长保持联系，在同学中建立信息渠道，时刻注意他们几个的动向。必须保证他们几个不出现安全事故，不出现严重违纪情况。

当下，我们可以利用社团活动、兴趣小组等形式，建立一个个优秀团体，让团体之间朝着好的方向发展，最终形成一个个优秀的团队，整个班级是一个大的团队。需要注意的是，绝对不能把这个团体推向老师的对立面，一旦矛盾激化，会让他们几个空前团结，下一步转化就有困难了。

王卓君老师积极发言：我认为这些小团体往往是由学习成绩不好、行为习惯较差的学生组成的，他们不仅会对班级的班风、学风有一定的影响，让其他学生在班级内没有安全感，而且也不利于团体内部学生的健康成长。因此作为班主任，需要尽早解决。为了保证小团体不影响班级的和谐发展，我会晓之以理，强化遵守纪律的意识，向学生们明确我们班级的纪律目标，倡议大家共同努力，在此过程中有奖有惩，弘扬正气。同时注意在班级中创造良好的情感氛围，并通过组织志愿服务活动、足球赛、篮球赛或者班级趣味运动会等活动来发挥他们的特长。

程艳铭老师：针对小 A 的情况，我想从以下几个方面做起。

一、与小 A 的家长沟通，了解小 A 的家庭生活及家长对小 A 的关注状态，请家长一同协助孩子改变。

二、找小 A 谈心，从小 A 的优点说起，了解小 A 对学习的态度，了解小 A 的交友情况。从正面引导他，告诉他老师希望看到什么，告诉他他有优秀的潜质，他有更加有意义、正能量的事情去做，告诉他老师会持续关注他。

三、逐个找小团体中的其他同学谈心，关注他们在一起都干些什么。讲清这些事情哪些能干、哪些不能干，这其中的利害关系又是什么，引导他们交益友、做正确的事。

四、最后，要请其他任课老师帮忙，课堂内外多关注他们几个，使他们尽可能从学习中找到存在感和成就感，通过正向迁移引导他们的行为。

高巧竹老师提到，小学时他们班有一个大队支书家的女儿，在班里就是"小头目"，常常带头欺负同学，她也深受其害，所以高老师对班级团伙特别反感。

陈娟老师：团伙、团队一字之差，让我想到了反思纳粹的电影《浪潮》，所以教育无小事，老师责任重大。作为个体的人从内心都渴望团队的力量，团队关注到每一个个体的心理需求，适时引导，团队就会越来越强大。

杜玉坤老师：团体团结起来力量大，进步的力量大，破坏的力量也会大。案例中的这个班级团体建立的初衷也没有什么，就是几个趣味相投的人常常玩在一起，但慢慢地他们就会冒出一个个小主意，小主意多了串在一起又会产生初步的"目标方向"。一个个拆散他们好像也不是好的方法。所以就提前介入，分析成员特质，把他们这股力量引导到合适的方向上来。单纯的说教等思想教育往往乏力，任务驱动是好的方法，给他们不停地找事做，这些事就是一个个小航标，完成了这些事可能也就到达了目的地。

都娟坊主积极参与，认真交流，最后向大家阐述了她的具体做法：

初二年级的学生正值青春期，思想和行为都不稳定，需要特别关注和正确引领。案例中提到的小团体，已经释放出一定的负能量，并给班级带来了一定的负面影响，必须对其进行约束和引导。

我准备这样做：一、灵魂有影响。班主任是班级的"灵魂人物"，要想在班级一言九鼎、掷地有声，就必须树立在学生中的威信，融洽师生关系，让全班同学心服口服，从而在"灵魂人物"的影响下，形成强大的班级能量场，其中的"邪恶"就会被掩盖，直至最后消亡。

二、擒贼先擒王。小A是这个小团体里的核心人物，对其引导教育直接影响着小团体的发展走向。所以，首先要充分了解小A，包括其思想动态、现实表现、家庭状况等，然后找到教育的切入点，因材施教，对症下药，唤醒小A的班级荣誉感和团体责任感。

三、小团没市场。强化"班集体是个大家庭""每个人都是这个大家庭中的一员""每个人都要在班级里释放正能量"的团队意识，通过主题活动、班队会、案例分析、榜样示范等各种途径增强班级凝聚力、向心力，让小团体没有市场。

四、挽救其成员。联合其家长和任课教师，共同发力，对这个小团体中的成员进行单独教育、个别引导，改正其恶习，发现其闪光点，挨个"放大"，逐个"击破"，个个"挽救"，唤醒成员正义感，削弱"团伙"力量。

五、注入正能量。除掉杂草的最好方式是种上庄稼。尝试允许这个小团体的存在，并为其注入正能量，让这个小团体成为"雷锋小分队""美好志愿队""正义冲锋队"。通过正面管教，实现正向发展；输入正义力量，扩大正面影响。总之，对于青春期的孩子，既需要理智呵护、智慧引领，也需要底线约束、规范教育。

都坊主提出了几点思考：为什么会形成这个小团体？是核心人物的正面或负面影响力？是团队成员的胆怯害怕？是弱势

群体的联合示威？是班集体纪律涣散、一片散沙？最后，都娟坊主总结道：班主任要具有教育敏感性，发现问题要及时解决，稳控事态发展方向。

从大家热烈的讨论中，可以看到老师们用心管理班级的态度，积极讨论思辨的智慧。大家在讨论的过程中相互支持，相互鼓励，相互学习，不断迸发出教育的灵感，分享着教育的智慧。特别是都娟坊主对每一位发言的老师给予了肯定和鼓励，这样的执着精神深深感动并引领着老师们朝着美好的方向继续前行。

本期锦囊：

1. 沟通中了解成因，鼓励中扭转方向。针对小团体的成因，积极找学生沟通了解，以此为着手点有的放矢地去解决问题。解决问题的过程中不可将他们推向班级和老师的对立面，而应在不断的鼓励欣赏中提高他们的价值感、效能感、成就感，从而将小团体扭转为班级的正能量。

2. 找到团体核心人物，学会"擒贼先擒王"。从思想动态、现实表现、家庭状况等多方面充分了解小团体核心人物，找到教育的切入点，因材施教，对症下药，唤醒他的班级荣誉感和团体责任感。

3. 开展活动丰富课余，潜移默化吸纳团体。老师、家长多引导学生参加丰富多彩的课余活动，组建积极向上的平台，为班级里每一位同学提供展示自己的机会，让学生在活动中感受班集体的美好，让小团体不再有需求、有市场。

4. 家校共创教育合力，智慧注入正能量。联合家长和任课老师共同发力，对小团体成员进行教育引导，发现"闪光点"，唤醒"正义感"。"除掉杂草的最好方式是种上庄稼"，为小团体注入正能量。

把灾难当教材　共学习话成长

——班主任班级管理分析（37）

八月如花，犹梦盛夏。8 月 6 日晚上 8 点，河南省都娟名师名班主任工作室——毛毛虫工作坊《毛毛虫说·智享教育生活》栏目再一次与虫儿们准时相约。

本周《毛毛虫说·智享教育生活》栏目讨论的内容如下：

最近，河南的洪灾一直牵动着很多人的心，肆虐的洪水造成了不可估量的损失，伤亡惨重。洪灾无情，但中华民族是好样的！抗洪救灾期间有很多感人故事、温暖瞬间。

对于灾难，我们需要多一些思考，身为教育工作者，我们如何将这次灾难当成教材？这次灾难背后我们应该挖掘什么？教给学生什么？河南省都娟名师名班主任工作室——毛毛虫工作坊，将于今天晚上 8 点在毛毛虫工作坊微信群内，和虫儿们直面灾难，共同思考如何将灾难变成教材，如何上一堂生动的思政课。

本次探讨分为四大模块，问题顺序如下：

第一，7月20日河南郑州突降暴雨，就这场暴雨的形成原因和具体情况，进行沟通交流。

问题一出，地理老师沙瑞红率先发表了自己的看法：因为中国典型的季风气候，所以旱涝灾害十分频繁，气象灾害是气候发生了异常带来的巨大影响。河南这次灾情就是单位时间里大量降水导致的。我们在课堂上学习的时候，不少同学质疑说，平时我们也没感觉到旱涝灾害有多频繁，对我们的影响有多大，那么这次的灾情无疑在提醒我们应该时刻做好应对自然灾害的准备。

灾害之所以会带来巨大的损失，主要是因为我们平时没有做好应对的准备。我们国家为了应对频繁的旱涝灾害，修建了很多大型水利工程，比如三峡、南水北调、各种灌溉设施等，我们长期受惠于国家的基建，风调雨顺，这使普通民众忽视了灾害的不稳定性、多发性，再次警醒我们应该随时做好防灾减灾的准备，在灾害来临时能自救，甚至救助其他人。这次灾害中出现了很多感人的事迹，值得我们老师讲给学生听。

张金茹老师：何为自然灾害？自然界中产生的对人类造成人员伤亡和财产损失的现象。这是地理课本上的解释。关于洪灾经常以南方为例，很难想象对河南这个经常以旱灾为典型的地区造成这么大的影响。具体原因有两个方面：一是气候，季风气候的不稳定，加上台风的助攻，导致水汽充足；二是地形，太行山的阻挡导致气流以暴雨的形式在郑州"一泻千里"。

在教育学生的时候，既要分析原因，又要敬畏自然，所有这些虽然是自然灾害，但是和人类活动密不可分，这是大自然向人类敲响的警钟，与自然和谐共处是何等重要！

马会珍老师：首先，引导学生和家长关注天气预报，遇到极端天气预警尽量不出门。其次，如果在外碰到了极端天气，一定及时紧急避险。

第二，时代的一粒灰，落到个人头上就是一座大山。河南洪灾过后，我们该如何以此为契机，教育孩子们躲避暴雨等极端天气灾害，在灾害来临时自救？（地铁站五号线遇难者大多是女性，退伍军人成功自救，这些带给我们什么警示？）

晁利攀老师：郑州暴雨过后当天，民众自发组成人墙，救助围困于水中的人们。看到他们所有人心往一处想，劲往一处使，尽全力多救出哪怕一个人，那一时刻，我们更加深刻地体会到，我们是一个密不可分的整体，必须团结起来，共同抗战，脚下深浅莫测的洪水也一定能跨过去！一个人，可能会被大水冲走，但一群人站在水里，就是一堵坚不可摧的城墙！

困难不会压垮我们，因为我们是一个团结、互帮互助的整体。天灾无情，人间有爱，每个人都在集体中帮助别人，其实也是在帮助自己。因为最后我们发现，这个集体好了，我们每一个人才能好；国家强大了，我们每一个人才能幸福。假使洪水冲走了身边的同伴，剩下你一个人深陷洪水的旋涡，又有几分生还的可能？皮之不存，毛将焉附！团结一致，共同迈步走向更光明美好的生活。

王金花老师：网络为灾难教育提供了便捷及时的途径。一方面我们可以借助网络，收集整理灾难教育的资源，包括灾难知识、灾难故事、灾难场景、灾难视频、自救演示等等。另一方面，在面对突发灾难时，学校可以借助网络对孩子们进行即时性的灾难教育。

赵卫国老师：我觉得自救教育首先要让孩子们坚信科学，不盲目迷信经验和长辈的说辞。第二，面对紧急情况，不要慌乱，有序逃生才是获救的重点。地震中失去生命的人大部分是死于因为慌乱而引起的踩踏事件，并非地震本身。还有平时的演习，绝不能"演戏"。不知大家是否还记得汶川地震中无一人伤亡的四川安县桑枣中学，这一奇迹是一贯以"人命重于泰山"的"史上最牛校长"叶志平一砖一瓦加固学校，定期开展教科书式撤退演练，十年坚持创造出来的！所以对于演习，我们务必要做到：站岗人员及时到位，班主任通知到位，撤退路线规划合理，具体动作给学生讲解清楚，实际操作认真严肃，学生内心真正重视。演习不能只是一项工作，每一次演习都应该是一次实战。

李璐老师从两种情况进行了分析：在车上遇到暴雨时应该怎么做，以及雨中行人如何安全防御。一旦遇到大暴雨，尽量不要出门，即使出门也要尽量选择公交出行。当遭遇暴雨时，如果正在户外行走，那么应尽量不再赶路，并尽快到地势较高的建筑物中暂时避雨，千万不要在涵洞、立交桥低洼区、较高的墙体或是树木底下避雨。

行人应尽量避开灯杆、电线杆、变压器及附近树木等一切有可能连电的物体。另外，还要注意路边防汛安全警示标志，不要靠近路沿石行走，不要接打手机，以免引起雷击。

骑自行车应注意观察，缓慢骑行，遇见情况早下车，尽量避开有积水的路面。

乘坐电车时要注意：1. 车辆进站后，开启车门前切勿与车身发生接触；2. 发现车辆漏电，原地不动，应等驾驶员断电后有序下车，不慌乱；3. 下车时应双脚同时落地。

第三，雨水无情人有情，在这场灾难背后，你看到了哪些温暖力量？你会选择哪些温暖事件对学生进行思想教育？

问题一发出，很多老师都情不自禁地分享自己的感动之处，而让大家感受到温暖的场景也是需要和孩子们交流，让孩子们看到和感受到的。

高巧竹老师："保家卫国交给我们，祖国未来更看你们！"这行字下是手绘的中国人民武装警察部队臂章。郑州遭遇持续特大暴雨之后，两幅板书是抗洪救灾官兵留给孩子们的礼物。至真至纯的誓言与祝福，释放出直抵人心的温暖与力量。看到这份特殊的礼物，孩子们都感到很兴奋。"我会记住你们的话，刻苦学习文化知识，积极参与社会锻炼""我想对你们说：强国有你，强国也会有我"……他们纷纷向"最可爱的人"隔空喊话。郑州市第七十三中学校长王磊表示，学校将把这面板书和它背后的故事作为思政教育的鲜活教材，引导广大青少年向官兵学习，立报国志向，做时代新人。

高宁老师：第一辆进入阜外华中心血管病医院的军车上，写着"危难时刻见忠诚"，让人泪目，我们永远可以相信人民子弟兵。

晁利攀老师：一方有难，八方支援。暴雨过后，河南的几个地市满目疮痍，有的人失去了亲人，甚至失去了他们的家园。人们自发地开始捐款捐物，尽自己的绵薄之力去帮助那些受灾的人们。我竟第一次感觉到灾难离我们那么近，第一次觉得生命这么可贵，第一次特别强烈地想去帮助受灾受困的灾民们。或许我的微薄捐资可以帮助到一户人家吃几顿饱饭，或许我捐出的棉被可以为一家人营造干净温暖的避风港，或许我的贡献很小，但足以温暖这世界的某一个角落……我看到炎热难耐的日头下，有人一趟趟往返，拿来家中的棉被、衣物捐赠；我看到蒙蒙细雨仍阻止不了大家捐物的热情。

都娟坊主：身边的事例最感动，榜样的力量最震撼。关键时刻，我们挺身而出，用爱心唤醒爱心，用行动引领行动。"十分美好"志愿服务队在两份倡议书的感召下，三个小时，全员参与，冒雨组织，捐款捐物，马不停蹄，奔赴灾区……儿子在手机上悄悄地捐出了自己的零花钱；正在读研究生的侄子从学校回来，第二天就奔赴灾区做志愿者；我校老师和学生自发驱车前往灾区捐赠物品；我们的小小志愿者走上街头，宣传防汛知识，讲述感人故事；我们的老师通过班级微信群转发大量抗洪救灾的新闻链接和抖音视频……爱心在我们身边传递，温暖在我们周围蔓延。暴雨无情，人间有爱。灾难还未过去，教育也从未停止。

第四，将灾难教育设计到课程中，你觉得还有哪些必须要教给学生？

高巧竹老师：一件件出现在一线的感人故事，无不让人回味。作为老师，应从以下几个方面对学生展开引导：

1. 要懂自救。不论何时遇到灾难、困难等，先寻找自救方法，或者利用周边环境、建筑物等实施自救，暂时脱困后想办法求援。

2. 怀揣感恩心。当灾难来临时，"逆行英雄"们都奋战在一线，用他们的双手为受灾群众撑起了希望的蓝天，我们要向他们致敬，感谢他们的勇敢，感谢他们的不畏艰险。

3. 坚定信念，有国才有家。当灾难来临时，全国上下同心协力，一方有难，八方支援，只有大"家"好，我们的小家才能更好。青年学生要担负起国家的未来，用行动将爱与希望传承。

赵卫国老师：灾难教育应该成为一种常态化教育，当安全课程加入到学生的课程表中，成为孩子的必修课，孩子们再遇到突发事件的时候是否就能够从容应对。我们可以上一节班会课：1. 让孩子们懂得面对自然和生命要有一颗敬畏之心，带着一颗尊重自然的心来利用自然。2. 懂得团结，在灾难来临时也好，在日常生活中也好，团结一心才能获得最强大的力量。洪水来临时，七省驰援河南，是来自华夏儿女的团结；我们身为十中的一员，也为灾区捐献了钱物，这是来自十中的团结。团结不是让大家都去做同一件事，而是让所有人都朝着一个方向奔跑。3. 懂得责任，责任感是爱国、爱人民，也是爱自己。为国家负责，尽己所能地建设祖国；为人民负责，倾己所有地奉献人民；为自己负责，竭尽全力地提升自我。4. 懂得感恩。5. 懂得怎样实现自己的价值。

都娟坊主：每次灾难的降临，都是对人类赤裸裸的挑衅和考验。灾难对于我们每个人来说都是一部鲜活、真实、惨痛的教科书。灾难给我们带来了哪些启示？引发了我们哪些思考？扭转了我们哪些思维？改变了我们哪些行动？这恐怕是灾难留给我们最有价值的东西。

洪灾无情，人间有爱。对于灾难，我们今天多了一些思考，身为教育工作者，我们如何将这次灾难当成教材？这次灾难背后我们应该挖掘什么？教给学生什么？希望本次探讨能给各位老班一些灵感，让我们把灾难当教材，设计一堂别开生面、深入人心的思政课。

本期探讨到此结束，感谢大家的积极参与，线上讨论的精彩内容目不暇接。让我们继续消化，继续思考，把灾难当教材，共话成长。

精彩发言：

赵卫国老师：灾难教育应该成为一种常态化教育，当安全课程加入到学生的课程表中，成为孩子的必修课，孩子们再遇到突发事件的时候是否能从容应对。我会通过以下几个环节，设计一节班会课。

一、敬畏

1. 出示灾难图片，引起学生的感官震撼。

2. 讲解自救方法，建筑心理防线。

科技的发达、物质文明的进步让人们扬扬得意于掌控了世界与自然，而当大自然开始反噬人类的时候，我们才意识到自己的渺小。人类若继续肆意妄为，只会让未来生存的环境愈加恶劣。教导学生面对自然和生命要有一颗敬畏之心，带着一颗尊重自然的心来利用自然，才能达到与自然和谐相处的状态，人类生命也才有可能健康地传承下去。

二、团结

1. 出示相关图片，引起学生情感波动。

2. 设计小游戏，让学生在游戏中感受团结的力量。

随着全球疫情的扩散，每个国家都意识到这绝非是单打独斗可以解决的战争。无论是在灾难来临时，还是在日常生活中，团结一心才能获得最强大的力量。洪水来临时，七省驰援河南，是来自华夏儿女的团结；我们身为十中的一员，也为灾区捐献了钱物，这是来自十中的团结。那么，身为班级中的一员，你有没有时刻团结好你的同学？身为小家庭的一分子，你是否为一点小事和兄弟姐妹闹脾气？你是否因为小事和父母大吵大闹？团结不是让大家都去做同一件事，而是让所有人都朝着一个方向奔跑。

三、责任

1. 播放相关视频，引起学生的深度思考。

2. 组内讨论，谈谈你们当前的"责任"。

逆行去武汉的钟南山院士为何85岁高龄不在家颐养天年？洪水救援中那些无名无姓的子弟兵们，为何用肉身形成人墙挡住洪水？鸿星尔克等多家国内企业为何在"自身难保"的情况下依旧倾囊相助？告诉孩子们，这就是"责任"。责任感源于我们心中的自觉、坚毅、勇敢、奉献。责任感是爱国、爱人民，也是爱自己。为国家负责，尽己所能地建设祖国；为人民负责，倾己所有地奉献人民；为自己负责，竭尽全力地提升自我。

四、感恩

1. 播放相关视频，激发学生感恩情愫。

2. 拿出纸笔，给你最感激的人写一段话。

突发的灾难，让我们一次次地感受着中国速度、中国力量、中国精神，让我们一次次为自己生长于这个国度而热泪盈眶。

我们要告诉孩子，感恩不是一种天分，而是一种选择。我们应感恩于国家为我们提供的优越的生存、生活环境，感恩于父母为我们提供优质的生活条件，感恩于老师辛勤地教育我们，感恩于陌生人提供的帮助……有着一颗感恩之心的孩子，又怎么可能是一个教育的失败者呢？

五、价值

1. 介绍名人事迹，引导学生继续思考。

2. 结合自己的身份，说说你想如何实现自身价值。

我们要让孩子们懂得，大名鼎鼎的院士们站在领奖台的那一刻收获了荣誉和光芒，但那些为国家建设增添一砖一瓦的无名英雄一样实现了自身的价值，衡量一个人的价值，不应去横向比较。但一个人若想实现自己的价值，就必须将自己献身于社会。引导孩子们抛开狭隘的利己主义，带领他们眼望世界和未来，教导他们拥有家国情怀。即使不能做到"大庇天下寒士俱欢颜"，也要力求"位卑未敢忘忧国"，这才是一个人真正的价值！

本期锦囊：

1. 正确理性对待灾难。教会孩子们如果真的身处险境，遇到灾难，要保持冷静，临危不乱。如果能想到自救的办法可以自救，如若不能自救，也要知道哪些事情能做，哪些事情不能做。保持体力，等待救援，理性对待，切不可慌乱。任何时候都要把生命放在第一位。

2. 灾难无情人间有爱。一方有难八方支援，无论国家、社会，还是企业、个人，都纷纷献出力量、爱心，要让孩子们看到社会中的正能量，看到生活中处处有爱，要怀着一颗感恩的心与人为善。

3. 灾难教育常抓不懈。灾难教育应该成为一种常态化教育，让安全课程加入到学生的日常生活，成为学生的必修课。时时讲安全，处处皆安全，希望学生遇到突发事件能够从容应对。

个性"带刺"爱推脱　老班出招来改变

——班主任班级管理分析（38）

夏季渐落幕，秋日缓到来，烈日不再炎炎，暑热依旧不减。8月9日晚上8点，河南省都娟名师名班主任工作室——毛毛虫工作坊《毛毛虫说·智享教育生活》栏目再一次与虫儿们准时相约。

本周《毛毛虫说·智享教育生活》栏目继续带领大家通过分析发生在我们身边的案例，提升班主任的专业能力。本期案例由濮阳市第十中学的杨老师提供，案例题目内容如下：

班里有一个女生小贝，常在班中和同学们起冲突，或在同学的衣服上乱涂乱画，或用语言攻击同学……她和其他同学发生口角后，回家总是对着妈妈哭着诉说委屈，把责任都归向别人。由于小贝在家长面前总是把过错推给别的同学，导致班主任与家长沟通时，家长完全信任孩子，甚至对班主任产生了误会，认为班主任故意针对自己的孩子。

问题：如果您是小贝的班主任，面对这种情况您会怎么做？

问题一出，大家纷纷谈了自己的想法。

高巧竹老师：要对症下药，实施更换教育角色。学生的病因轻重不同，轻者班主任教育就能得到妥善处理，重者出现屡教不改的现象，此时，应该及时更换教育的角色，由学校领导出面会更适用。班主任要了解小贝的家长是个什么样的人，如果通情达理，班主任可通过沟通谈话教育，反之可由学校出面教育。

李璐老师：一、沟通交流，了解小贝，走进小贝。了解一个小女孩，为什么喜欢起冲突。要了解小贝的性格、经历以及表达、交往能力。通过跟小贝沟通交流，了解小贝的性格和内心所想；通过跟同学的交流，了解他们眼中的小贝，找到问题所在，再跟小贝沟通交流。如果是小贝性格或特殊经历的原因，需要班主任多关注引导；如果是表达交往障碍的问题，班主任需要在班级里召开主题班会，教给大家正确的交际方法，建立良好友谊。不论怎样，首先要了解小贝，并相信小贝一定可以和大家搞好关系。

二、召开主题班会，教会大家同学之间如何相处，发现小贝的优点。比如"兄弟姐妹一家亲""和谐相处，快乐进步""我想和你说说心里话"或者是"你是好样的"。可以通过主题班会，让大家知道他们是班里的一分子，要和谐相处，更要互相包容，多看到别人的优点；即使是小贝，肯定也有优点，让大家肯定小贝，相信小贝在大家的肯定中，一定会变得更加柔和可爱。

三、家校沟通，理解万岁，立场坚定。家长肯定最在乎自己孩子的想法，一次两次的冲突还好，长期的冲突肯定会让家长变得敏感并反抗。身为班主任，首先让小贝发生改变，她的家长一定会看到孩子的改变。在和家长沟通时，要站在小贝的立场分析，多给家长方法建议，而不是一味陈述冲突的对错问题。当然了，如果孩子有错，要委婉说出，并告诉家长自己会关注并解决好，希望家长好好配合。相信通过互相理解，建立了信任后，家长不会再对班主任产生敌意，而是会变得非常信任和支持。

四、开展丰富多彩的团体活动，让小贝融入集体，多参与，多磨合，共进步。等到小贝融入集体，不再哭鼻子，有担当后，还要尝试给小贝一个班干部当当，让她学会操心班级事务，操心集体荣誉，学会处理人际关系。相信小贝一定会变得阳光开朗，和同学们很好地相处，成为班级最受大家欢迎的好学生。

接下来，陈志萍老师积极发表了自己的见解：先分析小贝行为背后的心理原因。第一种原因可能是在早期生长发育的时候，在肢体探索上，没有得到足够的满足。所以当孩子在跟同伴之间交往的时候，不会用语言表达"我想跟你做好朋友"，而是用一种非常直白的肢体接触的方式，想要告诉别人"我想和你做朋友"；有的孩子还会恶作剧地跑去抓别人的头发，拍打或用力地推别的同学。这样的孩子在与同伴交往的冲突中，他的行为初衷并不是想要跟别人发生冲突，他只有一个很简单的想法，想要表达"我想跟你做朋友"。还有一种情况可能是有的孩子在和同伴交往的时候，会暴露孩子当下整体的情绪状态，在跟同伴相处的时候，很容易因为一些非常小的事，而引爆他的情绪开关。

所以我想采取的第一个措施就是跟小贝好好聊聊，教给她与同学相处的具体方法。并且每天抽时间单独与她聊天，让她自己谈谈今天与同学相处的具体感受。同时建议她张贴一个座右铭，随时提醒自己。

其次，我会召开主题班会，倡导在班级中与同学们友好相处的理念，让周围每一个人因为我的存在而幸福快乐。围绕这个理念，小组展开讨论"最美女生十大品质""最帅男生十大品质"，让受欢迎的品质深入人心。最后，成立班级事务评审团、班级法庭，让大家处理同学之间的分歧与矛盾，更加公平公正。

最后，单独与小贝妈妈座谈，让班级里的小班长、小贝的组长出面汇报小贝在班级的情况，然后老师单独与小贝妈妈交流对孩子的教育问题。在小贝妈妈了解到真实情况的基础上争取得到小贝妈妈的理解、支持，并共同协商出具体可行的办法，帮助小贝改正不恰当的做法和习惯，让小贝与同学们快乐友好相处，成为一个受大家欢迎的孩子。

杨济谦老师的想法是：转变小贝。

一、多方面了解小贝这种行为习惯形成的原因，特别是家庭原因。

二、根据了解到的情况，采取针对性措施。在校内和班级内，主要采取讲道理、摆事实的办法，不待她回家就先把事情确定好、处理好。从家庭角度，根据在校已经落实的情况，让家长明白真相。

三、以爱心引导，以集体活动为途径，让小贝以正确的方式融入集体。

四、鼓励表扬其闪光点。

针对这个问题，王娜老师有以下想法：

一、小贝的行为是因为缺乏安全感，想要引起父母关注的一种方式。

二、阿德勒曾说，撒谎的孩子，首先考虑是否有严厉的父母存在，这与妈妈的教育有很大关系，过于注重结果，让孩子不敢担当。

三、父母偏听则暗，不了解孩子在班级的情况，盲目定论，这与家长和学校沟通不畅有关。所以，首先与家长统一思想，用实例表示老师对孩子的关注；然后，与小贝沟通，谈谈童年经历，以倾听者心态走进她的故事，与孩子共情，更能走入内心；最后，与父母、孩子总结问题原因，解决未来走向。

韩园阳老师提出以下观点：

一、与学生沟通。告诉学生，老师也不相信这件事是你故意所为，因为你在老师的眼中是一个诚实、正直、勇敢的好学生，可是"人无完人，金无足赤"，每个人都有犯错误的时候。是不是你的内心深处已经意识到了行为是错误的，只是没有勇气说出来，害怕承担责任或者是害怕损害你在老师和同学心目中的美好形象？如果是这样，就要告知她，如果你犯了错误后，能够知错就改，就说明你向成熟和理性迈了一大步，你在老师和同学的心目中就真正成为一名诚实、正直、知错能改的好学生。总之，班主任在做学生思想工作时，要充分考虑学生的自尊心和心理承受能力，充分挖掘学生思想中的"超我"资源，让学生认识到老师可敬而不可怕，从而勇于对自己的行为负责任。

二、与家长沟通。父母对孩子的品质问题很在意，这是很正常的。作为家长是要相信自己孩子说的话，但是也要分析一下这些话是否合理、全面。看到孩子受委屈，家长就不够冷静，这也是人之常情，老师也可以理解。老师与家长的沟通中要先讲清事情的来龙去脉，再表达出自己和家长所做的一切都是为了孩子的健康成长，更为重视对孩子诚实、实事求是的教育。其实事情只要说明白，讲清楚，换位思考一下，问题自然就解决了。

最后，都娟坊主指出：孩子出现一些不良的行为，一定是有原因的。正像案例中的小贝同学，小贝出现的欺负、招惹、侵犯、攻击其他同学的做法是不对的，如果没有找到问题的根源，加以正确引导，很容易影响孩子的健康成长。如果我是班主任，我会这样做：

一、找小贝好好聊一聊。明确告诉小贝欺负、招惹、侵犯、攻击其他同学的做法是不对的。然后，我会从小贝的言谈话语和日常表现中，找到她对同学"不友好"的原因。如果是因为家庭环境紧张，致使小贝从小养成了偏激、刁蛮、任性的性格，那么我就要与家长沟通，找到家庭教育中的症结，找到父母自身存在的问题，与家长携手共同营造积极乐观、健康向上的家庭教育氛围，帮助小贝形成健全人格。如果是因为小贝表现得不优秀，从而感到自卑、不自信、缺乏安全感，以至于采取"人身攻击"等不恰当的方法来换取别人的关注，那么，我就会捕捉小贝身上的闪光点，将其放大，以点带面，帮助小贝树立自信心，同时，我还会教给小贝与人交往的方法和技巧。

二、和家长好好谈一谈。问题孩子的背后，一定有一个问题家庭。家庭环境直接影响着孩子的成长方向和样态，父母是孩子最好的老师，要改变孩子，先改变家长自己。教，就是做给孩子看，身教重于言教。家长要保持温和而坚定的教育态度，即对孩子的态度是温和善意的，是没有任何敌意的，但同时还要帮助孩子守住做人做事的底线和原则。客观、全面地评价孩子的成长状态，不能因为护短而掩盖了孩子的缺点，这样不利于孩子的健康成长。

三、组织形式多样的集体活动。凭借团队的强大力量，让小贝融入集体生活中，树立集体观念，感受集体温暖，从而学会与人交往、与人为善、善待自己、尊重他人。

总之，作为班主任，要具有教育敏感性，要能够敏锐地发现问题的根源，切中要害，对症下药，继而采取行之有效的教育方式和方法。

教育不是一蹴而就的，需要多观察、多理解、多沟通、多付出，更要注意反馈、时刻关注。有问题及时处理，有冲突及时化解，能在班级解决的问题不让孩子委屈着带到家里。多一分理解，多一分智慧，相信在大家的金点子下，这些爱起冲突、爱哭鼻子的孩子们会慢慢长大，变得自信开朗。感谢虫儿们的积极参与，更感谢毛毛虫这个平台，让我们一起学习，共同努力，本期活动到此结束，下期我们不见不散！

本期锦囊：

1. 了解事情真相。真诚与家长沟通，采取恰当的方式，了解每一个现象背后的原因是解决问题的前提和基础，是能更好指导我们进行正确有效教育的依据。

2. 组织集体活动。凭借团队的强大力量，让孩子们融入到集体生活中，树立集体观念，感受集体温暖，从而学会与人交往、与人为善、善待自己、尊重他人。

3. 召开主题班会。教会学生如何相处，发现身上的闪光点。比如"兄弟姐妹一家亲""和谐相处，快乐进步""我想和你说说心里话"或者是"你是好样的"。通过主题班会，让大家知道他们是班里的一分子，要和谐相处，更要互相包容。

4. 家校合作共育。家庭环境直接影响着孩子的成长方向和样态。父母是孩子最好的老师，要改变孩子，先改变家长自己。教，就是做给孩子看，身教重于言教。

5. 倡导班级理念。让周围每一个人因为我的存在而幸福快乐。关注每个学生，用榜样力量带动班级氛围。

多方齐心聚合力　班级管理更有序

——班主任班级管理分析（39）

暑假是放松身心的好时候，惬意的生活中，毛毛虫工作坊的虫儿们也没有丢下个人的专业成长。8月11日晚上8点，河南省都娟名师名班主任工作室——毛毛虫工作坊"毛毛虫说·智享教育生活"栏目再一次与虫儿们准时相约。

本期案例由濮阳市第十中学的李老师提供，案例题目内容如下：

你所带的班级在你的课堂上一向纪律很好，可科任教师向你反映，说你班的学生上课喜欢讲闲话、搞小动作、发言不积极，可是他教的另外一个班级却没有这些情况，要求你要好好抓抓班风、学风。

问题：请问面对科任教师反映的问题，作为班主任你将如何解决？

江洪颖老师率先发表自己的看法：首先，班主任要从思想上重视起来，遇到问题不回避，和科任老师多交流。先掌握第一手资料，必要的话班主任深入课堂，百闻不如一见，看看到底问题出在哪儿，一入课堂必有答案。其次，班主任也可以让学生书面表达意见或建议，班主任汇总后再与科任老师交换意见，群策群力，集思广益，扬长避短，对症下药，多管齐下，扭转课堂上学生的不佳状态。

李璐老师深入分析了问题出现的原因，并根据自身经验提出了切实可行的解决办法。李老师强调，班主任要成为联结学生和科任老师之间的纽带。科任老师向班主任反映问题时，班主任一定要开心接受，积极沟通。如果她是案例中的班主任，她会这样做：

一、耐心和科任老师交流沟通，找出班级存在的问题。班主任上课时，因为班主任效应，学生不论是纪律还是学习氛围，肯定是比较好的，一有问题，班主任也会及时处理。但是科任老师才是班级纪律的明镜，纪律好不好多问科任老师。科任老师能够跟班主任反映问题，班主任一定要积极和科任老师沟通，知晓班级存在的问题，找到制造课堂小插曲的始作俑者，并向科任老师表示感谢。根据问题想办法解决，并要持续和科任老师进行沟通了解。如果科任老师反映情况比较严重，可以经过科任老师同意，班主任在班级里进行陪读发现问题。

二、和学生沟通，进行遵规守纪教育。可以召开班会，比如"让老师为我们竖起大拇指""不'装'给老师看""守纪律，讲规矩"。跟学生交流科任老师反映的问题，根据问题进行教育，夸奖守纪律学生，对大家提出严格要求。

三、请班干部积极配合班级管理，有问题及时和班主任反馈沟通。每天都询问班干部班级的情况，对于表现好的学生第一时间表扬奖励，对于违反纪律的学生，进行交流沟通，规范教育。如果同桌之间爱说闲话、做小动作，也要及时调座位。请班干部配合好科任老师工作，积极收发作业，对学习困难的学生积极提供帮助，起好纽带和带头作用，养成良好学习氛围。

杨济谦老师准备这样解决：作为班主任，首先要正确面对这个问题，重视老师反映的情况，虚心接受科任老师的建议。然后想办法了解真实情况。具体的办法可以是暗地里观察，重点学生座谈，科任老师详细询问，学习效果考查等。经过一番调查，会了解到事情的真相。最后采取有针对性的措施解决。在这个事情上，最怕的是班主任坚持己见，认为科任老师说的是片面意见，也就是平时我们说的护短现象。因为学生在班主任的课上表现好，在其他老师的课上有些放松，也是正常现象。

李雪白老师提出具体的解决问题的办法：纪律是良好班风、学风的基础。作为班主任，有责任和义务协助任课老师做好班级管理工作。首先，利用课余时间分别与任课老师和班干部进行沟通交流，了解上课情况。其次，找到相关同学进行谈话，找到原因，化解矛盾。通过摆事实、讲道理的形式引导学生。再次，在班级展开小组比赛，树立班级榜样，通过集体来影响个人。最后，班主任要针对班级管理进行反思，完善班级制度，避免类似情况的发生。

大家的发言，引起高巧竹老师的共鸣：班主任和科任老师一定要经常沟通和交流，现实中确实存在这种现象，有的学生在班主任上课时表现得很听话，而在其他科任老师的课堂上，思想上放松，纪律上会有点涣散。

陈志萍老师的解决策略是：首先，感谢科任教师对班级情况的反馈。并且立即与其他任课教师真诚沟通，了解其他学科课堂表现、作业完成等情况，更全面地掌握班级情况。

其次，进行自我反省，近段时间在班级管理上是否有漏洞？当班上发生问题的时候，先向内寻找答案，这个向内指在自己身上找原因，而且调整行为，也就是掌控自己。因为只有明白自己是问题的一部分的时候，才能够成为解决方案的一部分。唯一能够改变世界的方式是调整自己的行为。

再次，约谈班长、各小组长，了解学生思想动态。发现正能量的人和事，树立正面典型，表扬鼓励；发现学生不当行为，私下沟通，予以纠正。

最后，召开主题班会，大家共同制定班级公约，共同遵守班级规定。

还有更重要的一点：要抽出更多时间在教室办公，多多陪伴学生，相信良好的班风、学风很快就会养成。

杨济谦老师在教学工作中敏锐地观察到：在实际的工作中，科任教师会经常遇到这样的情况，有的时候反映给班主任之后，有的班主任并不能很好地接受。特别是关系到某些学生的时候，因为这些学生在班主任的课上表现都很好，所以班主任老师就不放在心上，导致问题越来越严重，也不好处理。这个就是班主任老师需要注意的，防止有的学生在自己的课上表现良好，在其他老师的课上表现自由。我们要思考出现这种现象的原因，有可能是班主任平时的管理上存在不足之处，也就是对其他老师上课的纪律管理不够，或者对其他老师反映的问题没有足够重视，才导致班级出现两种状态。所以班主任在平时的管理上，一定要从始至终，统一要求，加强其他老师特别是要求不太严格的老师上课时的纪律。

田利平老师分析道：如果我是这个班主任，首先我要向此科任老师了解具体的情况，表示我对此事的重视。是几个学生还是大部分学生不听课、爱说话？是经常如此，还是偶尔一两次？其次，我会及时解决此问题。如果是个别孩子如此，我会及时找这个孩子谈谈心，了解他不守课堂纪律的原因，告诉他认真听课的重要性，帮助他养成每节课都认真听讲的好习惯。如果是大多数孩子如此，作为班主任，我会进行反思，并采取一些措施。我会通过召开主题班会的形式，引导同学们对这种现象进行讨论，从而认识到这种做法是不正确的。然后探讨正确的做法，培养良好的课堂纪律习惯。另外，作为班主任，有责任、有义务协调各科老师管理好班级，同时也要多和各科老师沟通交流，全面及时地了解班级里的孩子们的情况，共同将班级管理好。

都娟坊主针对本次讨论主题，首先带领大家重温了之前分享的生活微语。一位老师抱怨："为什么三班总有几个学生在我的课堂上睡觉？我教的一班就没有这种情况！说明三班的班风、学风不好！"我说："建议你去三班听一天课，然后再得出结论。"一天下来，这位老师很有感触："教这个班的老师都很优秀，每个人的课都很精彩。相对来说，我的课就显得不那么吸引人了。学生累了困了，想放松一下，就一定会选一个最无聊的课睡觉，于是就选择了我的课堂……看来，所有的问题都是自己的问题，我必须让自己的课精彩起来。"所以，别忙着抱怨和发牢骚，深入实践去观察、调查，然后再总结反思、得出结论。

接着都娟坊主又深入细致地分析了问题的原因：上班主任的课，学生表现往往很好，这就是所谓的"班主任效应"。为什么班主任具有主角光环？为什么班主任具有这般魅力？主要是因为班主任与学生见面多、为学生付出多、拥有的权利多、每天的操心多、倾注的情感多。学生从内心接纳班主任、尊重班主任、信任班主任，在班主任面前，学生的很多言行举止都变成了生命的自觉。但是，作为班主任还应该具有沟通协调的能力，既能够敏锐地发现班级中存在的问题，并迅速采取有效措施解决问题，同时，班主任还要成为调解员、劝说员，沟通协调任课老师的分工与合作，启发引导任课老师提高教育能力和教学水平，真正成为任课老师心目中的引领者、主心骨和强后盾。针对案例中的问题，要立即深入班级，全面调查观察，摸清具体情况，找到问题症结。比如，通过与班干部座谈、与学生代表谈话、亲自观摩该老师的课堂等方式，找到问题的根源。如果真是因为班风出现问题，那就要下大力气对班风、学风进行智慧引领和严厉整治。

都娟坊主还提出了科学、系统的解决策略。如果是因为该老师自身存在问题，要温和而耐心地对其进行引导。一、做一名调解员。在全班同学和该老师之间搭建心灵桥梁和绿色通道，引导大家彼此宽容、谅解、尊重、谦让。二、做一名邮递员。要让全班同学为每位任课老师都写一封信，融洽师生关系，加深师生情感，又不会让该老师认为被针对。三、做一名劝说员。与该老师进行长谈，与其交流"谁的地盘谁做主""谁的课堂谁负责""解铃还须系铃人""谁遇到的困难多谁成长得就越快"等观点，化解该老师内心的怨气和怒气，引导其重新审视自己存在的问题，借此机会实现自身专业成长。四、做一名推介员。为该老师推荐几本教育类的书籍，并经常与该老师交流讨论有关教育的话题，从思想观念和方法措施上进行智慧的碰撞和影响。五、做一名研究员。主动邀请该老师一起把"为什么同一个老师在不同班级授课效果截然不同"的问题当作一个课题进行研究，建议该老师在班内听上一天的课，然后谈谈自己的体会和发现，也许该老师就能自己找到问题的根源和解决问题的方法。

总之，班主任应该是一个复合型的人才，除了教育教学能力要过硬，还得具备沟通交往的能力，包括与领导沟通、与科任老师沟通、与学生沟通、与家长沟通等。这些能力构筑了班主任的专业素养，既是班主任的职责所在，也是班主任的魅力所在。

看着大家在本次讨论中亮出的一个个智慧锦囊，陈志萍老师不由得感慨：这个问题确实很有意义，也是班级管理的常见问题。我年轻的时候做班主任真的缺少引领，走了不少弯路，听不得别人说自己班级的毛病，而且一听任课老师反映问题，就会立即气势汹汹去班级处理学生，想想真是幼稚。现在的年轻班主任真的很幸运，有咱们毛毛虫团队引领，将会很快成长起来，走上班主任专业化成长之路。

今天的讨论，虫儿们不仅关注到班级管理，关注到学生管理，更关注到了每一位老师的课堂管理、教学设计和方法。我们看问题也更加立体，更加全面，措施也更加具体可行。感谢都坊主的指导和各位虫儿的精彩分享，我们下期精彩继续。

本期锦囊：

1. 师师合力。随时沟通，和谐相处；积极配合，力求双赢；树立威信，主动宣传；丰富活动，架构桥梁。

2. 师生合力。制定班规，播种意识；安排助手，及时教育；统筹协调，突破难点；民主调查，共同进步。

家校齐抓共管　共促学生发展

——班主任班级管理分析（40）

本周《毛毛虫说·智享教育生活》栏目又和大家见面啦！我们将继续带领大家通过分析发生在大家身边的案例，提升班主任的专业能力。

本期案例选自第四届河南省班主任基本功大赛，案例题目内容：三（2）班学生小 D 的学习习惯和成绩都不好，班主任多次与家长沟通，希望能携手管教孩子，但家长都以工作忙推托。近日，小 D 在学校出现了偷窃行为，经班主任调查，证据确凿，小 D 也承认了错误。但小 D 的家长护短，认为班主任伤害了孩子的自尊心。

问题：面对这样的学生和家长，班主任该怎么办？

高宁老师：我认为小 D 的成绩和习惯是成正比的，学习习惯不好会直接导致成绩不好，这样的孩子更需要老师的关注。老师应该仔细分析小 D 学习习惯上存在的问题，找到具体的对应的解决办法，并和他真诚地沟通交流，倾听他的想法，一定要告诉他老师没有放弃他。如果能按照老师的方法做，一定会慢慢改掉不好的学习习惯，成绩也会有提高。这个过程需要老师和小 D 的坚持，老师要持续关注学生的执行力，并且进行反馈，在恰当的时机给予奖励，进行正面强化。当然小 D 之所以这样，家长也有很大的责任，从老师多次希望与家长沟通，但家长都以工作忙推托，就能看出来家长对孩子的关心度不高，没有认识到家庭教育的重要性，也许孩子的偷窃行为就是为了吸引家长的注意力。在和家长沟通的时候可以先说三个前提：一是没有因为这件事在班里公开批评小 D；二是小 D 承认了错误；三是请家长来是为了更好地帮助孩子。之后可能接下来的谈话就能水到渠成了。既然家长这么关心孩子的自尊心，老师就可以趁这个机会，跟家长沟通孩子的习惯养成和家庭教育的重要性，让家长了解孩子的教育不能只靠学校，也需要父母的关心，要和老师保持沟通交流，孩子的习惯越好，各方面的表现就会越好，就可以越来越自信。

王运惠老师：这类家长包庇孩子，只看到孩子的优点和长处，忽视孩子的缺点，甚至纵容孩子的不良行为。其实，虽然表面上他们这样，但他们内心面对这样的孩子肯定还是很担心的，每个家长都不希望自己的孩子在别人眼里一无是处。班主任要抓住家长的这种心理，不要硬着来。应先和家长分享孩子的优点，再委婉地表达出孩子的缺点，让家长感觉老师和他们是在同一战线的，都是真心希望孩子变好的。让家长明白只有和老师合作，在孩子的教育方面才会取得显著的效果。

王娜老师：我会先进行自我反思，首先，在处理过程中，是否有不当的言语刺激到小 D，让家长难以接受。其次，在小 D 承认后，是否延伸到教育层面，对其进行正面引导。我们深知，教育的成功绝不是抓出一个小偷，还有比抓小偷更重要的事情，那就是用情感改变一个孩子的心灵。约谈家长时，首先，安抚家长情绪，从关爱孩子终身成长的角度如实陈述过程。在过程中如果自己有不当言行，毫不遮掩地承认。得到家长的理解后，共同分析孩子产生这种现象的原因，借此也为家长的教育缺失敲响警钟。最后，与孩子面对面，一起剖析错误，树立生活自信，多关注其情感需求，家校联手，为孩子筑起关爱的堡垒。

刘荣丽老师：首先要接纳学生，犯错误也是学生的权利，孩子毕竟是孩子，没有不犯错误的学生，教师要用一种平和包容的心态接纳学生的错误，尊重学生，在调查过程中要绝对尊重孩子的隐私权，保护孩子的自尊心。其次，要与家长共情，理解家长的感受，理解家长的行为。告诉家长，其实老师很理解他们现在的心情和感受，老师也不相信孩子会有这些行为，但事实就是这样，然后通过家长全方位了解孩子的成长环境，了解孩子在家的表现，从而帮助自己分析孩子出现此种行为的原因。同时通过与家长的真诚的沟通，让家长明白，目的都是为了教育孩子，使孩子更健康地成长。最后，还要有针对性地召开有梯度、有广度、有深度的班会，帮助学生树立正确的价值观，明确是非善恶，与学生一起制定班级公约，让学生真正参与到制定公约的过程中来，成为班级真正的主人，树立起一种集体责任感和荣誉感，用公约来约束自己的行为。

杜晓婷老师：和家长共情很重要，应该和家长共同分析这件事情背后的深层次的原因。处理这样的事情肯定都是以保护孩子的自尊心为主，不能公开地去批评或者指责。

巩彤彤老师：首先，与家长交谈选择合适的地点，最好不要有过多的旁观者，给家长和孩子足够的尊重，让家长从心理上有安全感，不排斥，这样的交流才会有效。其次，摆事实，从课堂表现、行为习惯开始，先列举孩子表现优秀的一面，再过渡到不良的行为习惯，通过对比，使家长意识到问题的存在和以后对孩子成长的不利影响。然后，站在孩子发展的角度，与家长产生共鸣，先让家长改变自己，再慢慢改变孩子，共同为了孩子的健康成长家校合作。做好家长的工作后，与孩子交谈，让孩子意识到自己的错误并改正。

杨济谦老师：面对这种情况，我们需要做的有以下几点：一、控制好自己的情绪。不要因为孩子有很多缺点，特别是有偷东西这种情况，而让自己情绪激动，以至于自己在处理事情的时候，会有言语上的着急或者不适当。二、坚持好育人的初心。我们的责任就是教育孩子更好地成长，孩子出现问题，正是需要我们帮助解决问题的时候，特别要注意的是不要一棒子打死，给孩子留下一生的阴影。三、调查清楚问题的根源。从学校、家庭、成长环境、经历等不同方面展开调查，搞清楚孩子为什么会出现这种情况。四、争取到家长的理解。耐心地把孩子的真实情况告诉家长，让家长明白事情的真相，明白事情发展下去的严重后果，不让家长盲目地抵触老师的帮助。五、制定好教育的措施。努力和家长达成一致，商量好教育、转变孩子的具体措施，一步步落实。这个是关键环节。六、发挥好环境育人的作用。运用班级文化、班会主题教育活动等一些方法，让孩子融入集体，感受到环境的温暖，让孩子找到认同感、归属感、责任感、主人翁感，彻底改变孩子的行为习惯。

改变一个人，不是一蹴而就的，需要多方联手，持之以恒。

李璐老师：学习过一个教育观点，0 到 6 岁，孩子需要的是陪伴，6 到 12 岁孩子需要的是关注和理解，12 岁以上需要的是尊重。三年级的学生应该是 9 岁，孩子的身心正处于关键成长期，对各种行为和规则的学习正处于重要时期。案例中的小 D 学习习惯和成绩都不好，并且家长不配合学校工作，等孩子出现了偷窃问题进行沟通时，家长并不理解。对此事件，第一，做孩子的贴心老师，及时鼓励孩子。小 D 有很多问题，但是并不是不能解决的，班主任在和家长沟通无果后一定不能放弃孩子，多多关注、理解他；家长如此不配合工作，在家里陪伴孩子的时间会很少，老师一定要多发现他的闪光点，多沟通鼓励，让小 D 步入学习正轨，不能放弃他。第二，多多谈心了解孩子内心所想，及时批评规正孩子的行为。偷窃，听起来很严重，但是对于 9 岁的孩子来说，为什么会偷窃才是老师应该关注的，是博取关注，还是缺爱，还是真的需要这些物品？不能知道了偷窃就叫家长，让学生都知道，严厉批评，这样并不有助于对他的教育。反而要多听他的内心想法，一起努力规正孩子的行为，这个事一定要保护孩子自尊心，不让更多人知道。第三，委婉亲切地和家长沟通，共同助力孩子成长。针对孩子的偷窃问题，千万不能在电话里直接告诉家长孩子偷窃，先不说这样对孩子是否会产生伤害，对于一个成年人，家长的面子也挂不住。老师可以耐心跟家长谈，肯定孩子的优点，然后站在孩子的立场分析问题原因，把孩子当自己的去看待，相信家长一定会理解，共同助力孩子健康成长。第四，在后续的学习生活中，继续理解关注孩子，多和家长耐心沟通。在班里及时召开班会，开展丰富多彩的德育活动，让大家接受小 D，大家共同成长，共同进步。相信小 D 在大家的鼓励下，一定能够有所进步。

教育不仅要锦上添花，更关键的是要雪中送炭。教育好问题孩子，真是救人一命胜造七级浮屠，功德无量。老师一定要站在为孩子一生负责的角度，去做每一件事，说每一句话。所以说教育无小事，因为它影响着孩子的未来。感谢虫儿们参与今天的案例分析，感谢大家的精彩分享，你的每一点建议，都会在某个时候被合理地运用在教育实践当中，从而发挥更好更大的作用。让我们充满敬畏之心，多学习、多思考、多交流、多实践，立德树人，终身不辍。让我们下期案例分析再见。

本期锦囊：

1. 丰富沟通途径，加强家校沟通。作为班主任，在开启家校共育模式的时候，首先需要得到家长的支持和认可。因此，可以利用现代化通信工具，建立相应的交流群，通过这些交流群的组建，学生家长能够第一时间获知学生在学校的表现，而班主任也可以通过交流群，将学校的最新要求传达给家长，并且还可以及时向家长了解学生的基本情况，大大提升了班级管理的效率。

2. 发放教育资料，提升家长素养。家校共育，对于学生的成长具有非常重要的作用。想要达到理想的家校共育效果，班主任可以通过给家长发放教育资料、书籍的方式，帮助家长改善对孩子的教育方式和方法。动之以情，晓之以理，适时对家长的教育理念和教育方法进行引导，从根本上提升家长素养。

3. 借助亲子游戏，转变家长理念。想要转变家长的教育理念，采用传统说教的方式，并不能够完全获得家长的理解，而通过定期举办亲子活动的方式，不仅可以让家长放松心理戒备，并且在游戏的过程中，能够深切感受孩子对父母的心理需要，从而意识到自身在孩子教育中的重要地位和价值，更加愿意主动配合学校展开一系列的家校共育活动。

班风建设再讨论　锦囊妙计又升级

——班主任班级管理分析（41）

8 月 20 日晚上 8 点，河南省都娟名师名班主任工作室——毛毛虫工作坊《毛毛虫说·智享教育生活》栏目再一次与虫儿们准时相约。

本期案例选自第四届河南省班主任基本功大赛，案例题目内容如下：张老师接了一个四年级新班，一开学就发现班级有一些孩子放学后喜欢逛小店买各种小玩具，还有个别学生往学校里带饮料和零食。面对还不是很熟悉的学生，张老师一时不知道该怎么办。

问题：请你给张老师出出主意，帮助她带好班级。

李璐老师提醒大家，又是接手新班，接新班的问题大家曾经讨论过，现在是班级风气问题，是学生买零食、拿零食、拿零用钱等问题。

杨济谦老师率先发表自己的看法：这就是一个关于班风建设的问题，应该引起班主任的高度重视。但是由于是新接班级，解决问题还是需要一定的策略。在这个问题上，我们尽量不要简单一句命令，然后让学生去执行。让孩子高兴地接受我们的正确要求，需要几个步骤。一是了解孩子零花钱的具体情况，包括来源、开支、家庭情况等。二是开展系列主题班会，关注勤俭节约的优秀人物事例以及奉献者、捐助者等事例，树立正面形象，引导学生正面发展。三是讨论班级现象，明辨是非，深挖思想根源，转变行为习惯，形成班级公约并互相提醒，检查落实。四是为孩子的零花钱找一个正确的去处，培养孩子的爱心、奉献精神。

陈慧慧老师受杨老师启发，想到了老师应该与家长沟通如何给孩子零花钱，告诉孩子零花钱该怎么用。

零用钱主要用于三个方面：消费、储蓄和给予。

消费：买玩具、零食和娱乐等，并且引导孩子理性消费。

储蓄：鼓励孩子制定储蓄目标，拿出 1/3 左右的钱，完成目标，养成储蓄的习惯。

给予：给家人、朋友买礼物，爱心捐款等。培养孩子财商的同时，懂得做人，形成良好的品格，懂得与人分享和关爱他人。

注意：不要直接把零用钱和家务捆绑。有些家长喜欢简单地通过做家务劳动给孩子零花钱，一来不利于孩子家庭责任感的培养，二来一旦引导不好，容易让孩子养成唯利是图、事事讲条件的心理。

王娜老师：一方面，首先调查了解学生零花钱的数额以及处理方式。然后根据数据以及自己看到的现象，通过班会形式进行小组讨论。最后统一思想，提出可行的有益方案，如资助、班务等，转移学生对零食、玩具的注意力，把钱花在有意义的事情上，让学生体会更强的存在感和价值感。另一方面与重点学生的家长统一认识，严控零花钱数额以及去向，及时沟通反馈，并在当周树立正面典型，使全班形成"正确管理零花钱"的良好风气。

李璐老师结合自身经验提出切实可行的办法。李老师强调：老班接新班，这事挺常见，彼此不适应，亮点找一找，互相多了解，班级定和谐。四年级的孩子喜欢逛小店买零食，带食品到学校里，这个问题就很严重了。先不说他们逛小店、带零食对不对，单单说四年级的学生零花钱可以自由支配，可以放学逛店买玩具，这确实值得立即着手处理。

第一，借力原班主任和班委，熟悉班级情况。熟知班级之前的学习氛围，行为习惯状况，以及是否有这种行为，做到心中有底，有解决目标，了解这种情况是否持续很长时间。

第二，拉近彼此距离，赢得学生的信任和配合。老班在第一时间就要树立起自己的形象，经常温和地和孩子们聊天，多关心他们，拉近彼此的距离。班主任角色也要树立起来，要严格要求，对好的行为进行鼓励表扬，对班级不良之风进行引导、消除。

第三，召开主题班会，知晓买零食的危害。主题班会经常开，有了问题更要抓紧开。不拿零用钱、不买零食、不带零食是幼儿园的孩子都熟记于心的，四年级的孩子买玩具、带零食可能也是因为家长和老师没有及时发现和引导，形成了小攀比的情况，为了寻求个性和刺激，或者受了怂恿，都会出现聚堆跟风的情况。所以，召开主题班会"危险的零用钱""如何支配零用钱""远离垃圾食品"，让孩子们知晓小学生带零用钱有一定危险性，自己买的零食安全性低，学校是学习场所，每个人都带零食，卫生状况堪忧，学习心思何在。

第四，和家长做好沟通，定好要求，把好家庭关。零食和零用钱从何而来？要和家长做好沟通，定好要求。上学期间不允许家长给孩子零用钱，如果孩子没有吃早餐可以告知老师，但不能携带零食进班。要求家长及时关注孩子情况，及时查看书包，将零食玩具清理出来。上下学及时接送孩子，不让孩子独自在校外长时间逗留。

第五，小惊喜、小奖励不断，换种形式吃零食。对低年级学生，老班可以用班费买一些健康的小食品或者是奖品，时不时发给大家进行奖励，这样他们在学校能够一起吃，也不会乱丢垃圾。

第六，开设跳蚤市场，讲解简单的理财知识。让孩子知道零花钱不只可以用来买零食和自己需要的物品。可以开设跳蚤市场让孩子们过过花钱瘾，也学习了人民币知识。而且要从小学习理财知识，才能让学生有正确的理财观，正确使用零花钱。

一个小小的班级问题，折射出来很多值得注意的大问题。做班主任，要细心，要通过事件看本质，要着力于学生的健康发展，助力学生成长。

付晶老师：我觉得作为班主任，遇到这种问题，应从纪律约束、与学生深入沟通、家校合作三方面入手。首先，明确班规班纪，上学期间不能带零花钱，放学后应立刻回家，不能在外逗留；其次，与喜欢在外逗留的学生进行单独沟通，详细说明利害关系，晓之以理，对于四年级的学生来说，说服教育十分重要；最后，联系学生家长，家校合作，明确放学后学生到家时间，请家长严格监督，家校合作，形成合力。

闫鸿雁老师指出学生买东西是常见的事，新接手班级可以上一节关于食品安全的班会课，给学生看视频，不合格产品会引起哪些不良反应，最好是那种很严重的，让学生有畏惧心理，不再去买零食。

高瞻老师：教师在和学生沟通时不能一味地用班规班纪打压学生，可以从小玩具的危险性、饮料和零食对生长发育的危害这个层面进行教育，让学生从心理上主动远离它们。如果是因为攀比，触发了同学间的"剧场效应"，一方面可以结合专业心理老师对学生进行心理疏导，另一方面可以召开以"倡导勤俭节约，规范行为习惯"为主题的微班会活动，用正能量引导学生从他律向自律转变。

李银娟老师：一、先分析原因，然后寻找解决问题的突破口。分析这些学生的兴趣点是否在学习上，是不是因为学习障碍对自己没有信心，所以利用课下时间去寻找另一个兴趣点。假如是这样，老师就要利用课下的时间帮助这些学生在学习上取得进步，把兴趣从小卖部转移到学习上来。

二、重点正面引领。对于上面的现象，假如严格控制，将会引发教育中的禁果效应，你越不让我怎样我越是怎样，所以发现一批放学后及时写作业、及时阅读、做有积极意义的事情的正面典型，可请这些学生谈珍惜时间做有意义的事情的重要性。

三、举出反例让学生自觉顿悟。举出因为吃零食引发的各种安全事例，从零食质量、零食保质期等各个方面，谈食品安全问题。

四、给学生正名，信任每个孩子。

提到给学生正名，李素芬老师深有感悟。她提到从接手新班的第一天，就要不断地对学生说：你们都很棒，你们都很优秀。告诉学生，是人都会有缺点，有些人之所以优秀，是因为他们会把自己的缺点最小化，然后隐藏起来，他们永远把自己最好的一面展现在别人面前。在这种思想的影响下，部分学生在犯错的时候都能听进老师的批评。这就为治理班级学生吃零食的坏习惯打下了很好的基础。

孙晓敏老师：学生出现上述行为，一味地批评、打压是不可能解决问题的，面对教师的强权，表面上学生可能会有所收敛，但其内心可能会又增添一分反抗的情绪和力量。解决问题最关键的是要让学生自己认识到此行为的危害，从而自觉地抵制这些行为。因此，可以尝试以下几种方法：

一、召开主题班会，帮助学生形成正确的认知，在班级里树立良好的班风。比如召开关于"健康生活""良好习惯""零花钱"等主题的班会课，让学生认识到放学逛小店、乱买零食玩具的错误，树立正确的消费观，养成良好的生活习惯。

二、办一期关于垃圾食品（校外"三无"食品、玩具）的手抄报，让学生了解这些产品的前世今生，了解这些产品对身体的危害。

三、全体参与，制定班级公约。在充分讨论的基础上，定好班级关于不再买、带零食玩具的公约，在班级里形成正确的舆论监督氛围。让每个学生都成为班级公约的守护者和捍卫者，也成为班级不良行为的监督者。

刘攀荣老师：从开好一节有关零食的主题班会入手，先让学生对自己的零花钱怎么来的有一个了解（家长的血汗钱），接着让学生观看吃零食的危害——易发胖、特别容易蛀牙、营养不良、影响身体健康。再者明确校纪班规，不能带零食，树立教师威严。最后学生自己写下要如何处理自己的零花钱，班主任负责引导（计划开支，节约开支，学会记账，零花钱花出意义）。请学生签字，要求家长、老师、同学们一起监督，促使学生改掉吃零食、乱花零花钱的习惯。班主任要做到细心观察，防止学生反复。好习惯的养成要靠坚持。

杜玉坤老师：原来经常跟学生讲"小毛病大危害"，因为小毛病天天犯、时时犯，无时无刻不在影响学习的专注力，而学习的最大敌人就是不专注。买小玩具和小零食的毛病虽小，但危害绝不亚于打架旷课，针对这种情况可以开展小组合作，利用小组的力量使成员互相监督、制约。

都娟坊主对每位老师的发言都做了精准提取，帮助老师们高效地汲取了思想的营养。接着都坊主又深入细致地分析了本次案例：学生放学后逛玩具店，就不能保证按时回家，存在安全隐患，还可能导致学生养成乱花钱的坏习惯。饮料、零食本身就对身体有害，再将其带到学校里，学生可能会相互攀比，形成吃零食、比阔气的不良班级氛围，不仅分散了学生学习的注意力，还可能增加学生之间的矛盾。建议班主任这样做：

一、赢得学生信任。中途接新班，首先要做的就是让学生信任和接受新班主任。可以通过激情演讲、坦诚交流、精彩展示等，让学生充分了解并认可班主任，让班主任迅速融入班集体，成为团队的主心骨和能量源。亲其师，才能信其道。

二、民主制定班规。组织全班同学对逛玩具店、将饮料零食带入学校的现象进行深入讨论，班主任适时引导，跟进总结，让学生充分认识到这些现象带来的不良后果。思想统一、达成共识后，再共同制定遏制这些不良现象的班规。从学生中"来"到学生中"去"的班级规定，更容易被学生接受，并愿意自觉遵守，也能形成班级内齐抓共管、相互监督的良好局面。

三、了解深层原因。主动与家长沟通，了解学生零花钱的来源和去向，了解学生的饮食作息习惯，找到问题，有针对性地解决。班主任也可以去小商店里转一转，了解学生喜欢什么、购买什么、对什么感兴趣。了解学生的小心思，读懂学生才能读懂教育。

四、引导向好向上。除去杂草的最好方式是种上庄稼。要扭转班级内的不良班风学风，就得对学生进行正面引领和管教，比如召开主题班会"零花钱背后的秘密""有钱花在刀刃上""食品安全知多少""谁来为我们的健康负责"等。走进生活，聚焦现实，跟踪事实，让学生学会理智思考和深入分析。在班级里，向好、向善、向上的呼声高了，一切邪恶的事物自然就没有市场，最终销声匿迹。

总之，班主任工作必须"走心"，即：关注生命的爱心，发现问题的用心，纠正错误的耐心，解决问题的细心，做好教育的信心……相信心在哪里，智慧就在哪里。

今天的讨论，虫儿们再次聚焦了班风建设，通过讨论亮出了越来越多的智慧锦囊，让大家看问题更加全面，更加具体可行。班主任要像都娟坊主所说的那样，常怀"五心"：关注生命的爱心，发现问题的用心，纠正错误的耐心，解决问题的细心，做好教育的信心……心在哪里，智慧就在哪里！感谢都坊主的指导和各位虫儿的精彩分享，我们下期精彩继续。

本期锦囊：

1. 树立良好的班风。赢得学生信任，民主制定班规，树立老师威信；了解深层原因，及时家校沟通，引导向好向上。

2. 常用"走心"教育。关注生命的爱心，发现问题的用心，纠正错误的耐心，解决问题的细心，做好教育的信心。

优秀经验齐分享　交流借鉴共提高

——班主任班级管理分析（42）

　　苏霍姆林斯基曾说：教育必须是小心翼翼地去触及那幼小的心灵。每个学生都是一个独立灵动的豆豆，他们之间存在着各种各样的差异，尤其在面对刚从幼儿园步入小学的一年级的小豆豆时，更是需要教师的智慧，因此在对一年级的常规训练中需要老师们不断摸索。9月8日晚上8点，河南省都娟名师名班主任工作室——毛毛虫工作坊《毛毛虫说·智享教育生活》栏目再一次与虫儿们准时相约。

　　本期案例由濮阳市第十中学的李老师提供，案例题目内容如下：

　　暑假已过，因为疫情原因，今年的一年级新生还未能到新学校报到，接任一年级的老班们，在紧锣密鼓地进行着开学准备工作。一年级开学，一直以来都备受关注，身为一年级的老师也是压力重重。今年的开学有些特殊，尤其是在保证做好疫情防控工作的前提下。

　　问题：一年级的老班们该如何对学生进行常规训练？怎样在较短时间让幼小衔接的孩子更快适应一年级的学习生活？

孙慧芳老师率先发表自己的看法：首先，要消除孩子对学习环境改变的不安与恐惧心理。孩子们也有自己的交际圈，他们早就从别的孩子的嘴里听说了许多关于小学学习任务繁重的消息，内心充满了不安。开学后，老师要做的就是消除他们内心的不安，鼓励他们开心地迎接学习的新阶段。比如带孩子去参观一下美丽的校园，在校园逛一逛熟悉环境，让孩子认一认放学的接送点，想象一下自己一年级的学习和生活。相信孩子们看到我们美丽的校园，会对未来的学习生活有更多美好的憧憬和期待，从而爱学校、爱班级、爱上学。其次，老师要调整好心态，做好"耐心再耐心"的心理准备。耐心了解孩子们的性格特点，耐心教孩子怎样听课、读书、写字，对于坐姿、站队等各方面做得不到位的地方，要耐心地一一指导并纠正。总之，耐心等待孩子们的成长。最后，还要培养学生良好的习惯。对刚入学的孩子来说，让他们喜欢学习，始终保有对知识的热情，并能养成良好的学习习惯是极其重要的。培养孩子好习惯的方法就是重复再重复，每天如此，温和而坚定地坚持，直到成为自然而然的习惯性行为。要求家长和学校保持一致，一到三年级要把习惯养成放在最重要的位置。可以用奖励贴、发小表扬信、拍照、录小视频等树立身边的小榜样，多种评价方式激励学生，增强孩子的上进心，让每一个孩子都能在班级这个集体中有成就感、归属感。一年级对于孩子来说，是他成长中的一个里程碑。我相信，只要有了"和孩子一起成长"的愿望，只要能认真地去了解孩子的特点和需要，只要做好了充分的准备，那么，这些孩子一定可以自信快乐地适应一年级的学习生活。

李雪白老师：管理是一门艺术，管理一群刚刚懂事或尚未完全懂事的孩子，更需要艺术。面对一年级的孩子，我们老师要调整心态，放低姿态，细心关注孩子，更要耐心呵护孩子。面对一年级的新生，我们老师要做到四点：其一为"三勤"，要花大精力在学生身上，注重"立规矩、抓细节"；其二为抓契机对学生进行教育，将行为习惯的养成教育渗透到学校生活的点滴之中；其三为言传身教，教师要始终为学生做好行为榜样；其四为发挥好表扬的激励作用，运用多种表扬方式激励学生积极向上。

高瞻老师：每一个人都是从学生时代过来的，回想一下自己的学生时代，比较受学生欢迎的老师大部分都有以下几个特征——善解人意，刚柔并济，不会蛮不讲理。很多时候，因为小孩子不好管教，所以老师们都会采取比较凶的方式去管束，实际上这样的管法反而会让学生在心里怕你。而且小孩子一般都比较叛逆，会拧着劲来，这样就会产生矛盾，所以，要注意自己的管教方式，不要管得太武断。

孙晓敏老师：班主任还需要有爱心，一年级的学生自理能力较差，所以他们需要有一个像妈妈一样不断关心他们的老师。9月份刚入学，天气热，我们应提醒他们注意如何着装，而且要提醒多喝水，孩子如果不舒服，我们注意摸摸他们的头看看是否发烧等等。多多关注学生的身体健康，多一句话、多一个动作，孩子都会感觉到老师像妈妈一样爱他。随时与家长交流孩子在校、在家的情况，以便更快地了解孩子。

杨亚楠老师：良好习惯的养成是需要过程的，在这个过程中离不开老师细心的指导和帮助，更离不开家长的密切配合和主动施教。因此，老师要注重与家长沟通，尽快形成稳定有效的教育合力，让家长充分了解学校的安排和孩子的行为，积极配合学校工作，帮助孩子克服困难，使他们尽快适应小学生活，为他们快乐学习打好基础。

一、教师要帮助孩子克服入学初期的紧张心理。开学前期，老师必须高兴、亲切地去迎接每个新生，说话态度温和，面容和蔼可亲，常挂微笑，要给孩子留下一个幸福、愉快的好印象。

二、老师要整体介绍学校和任课老师。领学生对校园、校舍进行参观，每到一个地方，都可以稍作停留，好好欣赏、感受，让孩子在了解环境的基础上爱上学校、爱上老师，亲其师，方能信其道。

三、常规要求的提出不要过急、过高。刚入学的儿童，在家过惯了自由自在的生活，要慢慢引导，适时教育，允许孩子犯错，助力孩子成长。

李璐老师结合自身经验分享了切实可行的办法。李老师强调，一年级是小学的起始阶段，所谓万丈高楼平地起，打好基础是重中之重。而这个打基础包括多方面，不仅仅是一年级的孩子们在打基础，养成良好的学习生活习惯，自觉遵守纪律；一年级的老师和家长之间也要打好情感基础。这些基础都打好，以后学校、班级的管理工作以及学生的学习才能锦上添花，否则在之后的教育教学中，任何一个环节都有可能存在隐患。

一、紧抓常规训练，养成良好习惯。常规训练包含面很广，事无巨细，面面俱到，这些工作一定要有序开展，循序渐进，让学生们一天进步一点。在进行常规训练时，可以让学生背诵体现常规要求的口诀。一年级的行为习惯教育，一定要有童趣，寓教于乐，这样才能起到良好的效果。

二、教育无处不在，安全也应无处不在。校园安全教育应与教学工作同时存在，如果你在校园看到追逐的学生能够提醒一句，或许他下一次看到你就不敢乱跑了。而且一年级尤为重要，让所有的孩子树立一种不仅在班级不能有危险行为，下了课在没有班主任时，在老师看不见的地方，也要让他们有所畏惧，让老师的教育成为他们的行为自觉。

三、打造好名牌，让家长绝对认可你。老师和家长的第一次见面很重要，这一次一定要打下让家长知你、信你、敬你、认可你的基础。和家长的第一次家长会，不用长篇大论，以下几点一定要说到：1. 让家长放心，做个完美的自我介绍。2. 让家长安心，暖心的话说进心坎儿里。3. 制作调查问卷，尽快了解孩子和家长。

四、选班干部的一些想法。班干部可以让班级更出彩。一年级孩子小，工作上的分工不够明确时，他们还没有强烈的集体责任感，势必会出现工作时不能够对号入座，从而互相推诿的现象，所以班干部一定要精选、优选。而且学生都很聪明，他们在这些生活琐碎中能够感受到老师的真诚，他们很会揣摩老师的内心想法，有些学生会学着去配合老师，去思考自己该做什么不该做什么。想要纪律好，别把学生只当成学生。

班主任的最高境界就是：我喜欢！喜欢才能满眼欢喜，喜欢才想费尽心思，喜欢才能苦中作乐，喜欢才能不顾一切。

"假如你命该扫街，就扫得有模有样。一如米开朗琪罗在画画，一如莎士比亚在作诗，一如贝多芬在作曲。假如你命该做教师，就做得有模有样。一如米开朗琪罗在画画，一如莎士比亚在作诗，一如贝多芬在作曲。"

大家的发言，引起高巧竹老师的共鸣：体育老师还要和班主任沟通，将学生体育课的站队名单列出来交给班主任，无论做操、集合等，都按照体育课的位置站立，尽量减少队形的变化。这样强化一段时间，就能解决学生站队难的问题了。

王娜老师：一、记得在万玮老师的《班主任兵法》里有一节，在新生军训的时候，不动声色地观察记录，对于日后了解学生有很大的用处，知己知彼。二、对于低龄孩子，规则意识的养成，需要勤唠叨。"唠叨"是孩子早期观念形成的基础，更是成年的财富。

裴慧莹老师：一年级的孩子对于新学校、新老师、新同学有着无限的好奇和想象，这是他们真正迈入学海生涯的第一步。作为教师，应当帮助一年级的小朋友们尽快地认识校园、认识老师、认识同学、适应新的学校生活。或许开学第一天还会有小孩子哭着闹着，老师更要以十分的热情和关心去对待他们，安抚他们的情绪，也可以用小游戏或比一比的方式让他们记住老师、同学，然后带领他们走一走校园，讲一讲未来的校园生活，再慢慢地告诉他们什么是小学、会遇到什么、学会什么、怎样成长。

李银娟老师：一、了解幼儿园学生习惯。在见到学生之前，第一时间拿到孩子家长的联系方式，通过与学生父母沟通，了解学生在幼儿园的学习情况。也可以与幼儿园老师取得联系，了解曾经用的教育方法以及教育效果，从而为一年级管理班级提供线索。

二、多认可、多鼓励孩子。追求上进是人的本性，新的学习环境，新的学习起点，每个孩子都想表现出众，成为最优秀的孩子，所以调整思路，重塑交流内容，多表扬孩子的优点，老师的语言犹如咒语，说什么最后真的就是什么。

三、评价目的多元。从不同目的多个方面进行积极评价，让学生充满正能量。

大鹏之动，非一羽之轻；骐骥之速，非一足之力。今天虫儿们通过讨论提出了越来越多的智慧锦囊，更好地提高了老师们的班级管理能力，也有效地促进了班级间的沟通与融合，拓宽了老师的工作思路，使大家对一年级工作有了新的认识，把教育工作经验提上了一个新的高度。此次教师经验交流是心与心的交流，是分享经验、共同解决问题的盛会。心在哪里，智慧就在哪里！感谢各位虫儿的精彩分享，我们下期精彩继续。

本期锦囊：

1. 常规习惯，常抓不懈。学生良好行为习惯的养成必须贯穿在整个管理过程中，低年级学生的自觉性和自控力都比较差，需要班主任做耐心细致的思想工作，不能操之过急。

2. 细处关爱，亲近学生。爱，是教师职业道德的核心，一个班主任要做好本职工作，首先要做到爱学生，"感人心者，莫先乎情"。爱是一种传递，当教师真诚地付出爱时，收获的必定是孩子更多的爱。

3. 具体要求，指导到位。以孩子的视角观察事物，用孩子能听懂的话和他们交流，注重细节教育，把该做的事指导到位。

4. 率先垂范，感染学生。在教育学生时，"要想正人，必先正己"。以自己的人格力量感染学生，注意自己点点滴滴言行的影响，说的每一句话、做的每一件事都能严于律己、率先垂范。

5. 激情满怀，无私奉献。在工作中，积极肯干，用心去做教育中的每一件小事，耐心地处理班级里的每一个问题，用全部的爱呵护每一颗求知的心灵。脚步坚定，激情满怀！

图书在版编目（CIP）数据

世界上最小的主任：班主任班级管理分析／都娟主编. －－北京：中国文史出版社，2022.1

ISBN 978 - 7 - 5205 - 3425 - 3

Ⅰ.①世… Ⅱ.①都… Ⅲ.①中小学 - 班主任工作 Ⅳ.①G635.16

中国版本图书馆 CIP 数据核字（2021）第 246790 号

责任编辑：牟国煜　蔡晓欧

特邀策划：李银双

出版发行：**中国文史出版社**

社　　址：北京市海淀区西八里庄路 69 号院　邮编：100142

电　　话：010 - 81136606　81136602　81136603（发行部）

传　　真：010 - 81136655

印　　装：廊坊市海涛印刷有限公司

经　　销：全国新华书店

开　　本：720×1020　1/16

印　　张：16.5　　　字数：175 千字

版　　次：2022 年 1 月第 1 版

印　　次：2022 年 1 月第 1 次印刷

定　　价：56.00 元